I0111806

6.859

A NOSSEIGNEURS DE PARLEMENT,

Les Chambres assemblées.

SUPPLIE humblement Jean-Baptiste Gomé, Conseiller, au Conseil Supérieur de Colmar, disant :

Qu'il n'est pas extraordinaire de voir des Magistrats exposés à la calomnie ; la première haine du monde s'éleva contre la Justice, *à primordio Justitia vim patitur.* Et l'endroit où Dieu départit ses prémieres Loix aux Hommes, ne fut appellé lieu d'amertume, dit Philon, que par rapport aux reproches injurieux des Méchans, contre les Juges chargés de les faire observer.

Le Suppliant fait une triste épreuve de ces verités : vivement insulté par Ferrier Fils dans les fonctions d'une Commission, outragé par les traits les plus injurieux au Caractere dont il est revêtû, il s'est vû obligé, de Juge qu'il étoit, de devenir Partie en son nom, & de soûtenir depuis douze ans un Procés, qui interesse tout le Corps de la Magistrature.

Il a obtenu deux Arrêts contradictoires, l'un du Conseil Supérieur de Colmar, & l'autre du Parlement de Metz, qui ont condamné Ferrier Pere & Ferrier Fils à des réparations autentiques.

Deux autres Arrêts du Conseil d'Etat, dont le dernier a été rendu du propre mouvement de Sa Majesté, ont achevé de les confondre, & ont énoncé en termes précis la passion du Conseil Supérieur de Colmar contre le Suppliant, & la récrimination de Ferrier Fils.

Le Pere a reconnu la justice de sa condamnation ; il y a satisfait, & a abandonné son Fils, & ses pernicieux Conseils.

Mais ce Fils, dont rien n'est capable de retenir le désespoir qui l'agite, après cinq années de silence, a surpris un Arrêt du Conseil d'Etat, qui a anéanti celuy du Conseil d'en Haut, & ceux du Parlement de Metz, & il a obtenu le renvoy du Procés au Conseil de Colmar.

Une partie des Juges de cette Compagnie, peu nombreuse, plus animée par des ressentimens particuliers contre le Suppliant, qu'à rendre l'honneur qui est dû à la Magistrature, s'est déclarée hautement en faveur du Calomniateur, & l'on a, par un Arrêt constitué le Suppliant, d'Accusateur qu'il étoit, dans l'état d'Accusé, sur une Enquête de pretendus faits justificatifs.

C'est par une juste défiance que Sa Majesté, sur le vû de toute la Procedure extraordinaire, qu'on s'est hâté de faire à Colmar contre le Suppliant, a évoqué de

A

son propre mouvement ce Procés, & l'a renvoyé en cette Cour; il s'y est presenté avec la confiance qu'inspire l'innocence, persuadé que les Magistrats, à la décision desquels son sort est remis, ne se préviennent point par des discours & des faits répandus sans preuve, & qu'ils distingueront le vray d'avec le faux, l'ombre de la réalité.

Le mensonge parle toûjours un langage fardé; il se cache sous des paroles artificieuses, mais qui ne trompe que ceux qui ne sçavent pas percer ce beau dehors; le Suppliant se flatte de justifier sa conduite dans toute la simplicité de la verité, & de démontrer que tous les faits injurieux & outrageans que Ferrier a avancé, ne sont que suppositions malignes, qu'impostures, dont partie se détruit par son aveu même, & l'autre par le défaut de preuve.

C'est pour y parvenir que le Suppliant se croit obligé, dans une affaire d'où dépend son honneur, de reprendre les choses dés leur origine, & de supplier la Cour en faveur de justice, de vouloir bien y donner son attention; & on verra par les circonstances du fait & de la Procedure, combien le Suppliant est à plaindre.

FAIT.

FErrier Pere ayant acquis des biens dans les Terres du Comte de Reinach, de Foussemagny, il y eut entre eux differentes contestations.

En 1718. Ferrier Fils, jeune Avocat ayant plaidé pour son Pere avec beaucoup d'imprudence, contre le Comte de Reinach, devant le Juge de sa Terre, celuy-cy fit quelques reproches à Ferrier fils, qui les crut si injurieux, qu'il fit retenir dans la Sentence une reserve, à fin de réparation, qu'il n'a pas néanmoins osé demander.

Au mois de Mars 1720. Ferrier fils ayant traité d'un Office de Conseiller au Conseil superieur de Colmar, il y vint une Lettre anonime, datée de Belfort, adressée à Mrs. les Présidens, qui devint aussitôt publique; on y marquoit que Ferrier fils, étoit de mauvaises mœurs & naissance, qui ne faisoit point honneur à la Compagnie, un Broüillon & un vicieux, qui y porteroit le trouble & le désordre.

Dans ce même tems, c'est-à-dire au mois de May 1720. Ferrier fils plaida à la premiere Chambre du Conseil de Colmar une cause en qualité d'Avocat de son Pere contre le Comte de Reinach, il crût qu'ayant acquis une charge de Conseiller, il pouvoit avec plus de liberté s'abandonner à son ressentiment, & rempli de cette fausse idée, il commença en effet sa Plaidoirie par ces termes: *Voicy, MESSIEURS, une seconde Foussemagnade*; mais loin que cette fade plaisanterie luy attirât les applaudissemens qu'il s'en étoit promis, il en fut au contraire repris sur le champ par feu Mr. de Corberon Pere, alors Premier Président.

Le Comte de Reinach alla l'apres midy du jour de la Plaidoirie de cette Cause, chés Mr. le Premier Président, qui luy témoigna être fâché, de ce qui s'étoit passé le matin à l'Audience, & offrit de luy faire faire réparation par Ferrier fils; mais la réponse du Comte fut, *qu'il le remercioit, & qu'il ne vouloit pas de satisfaction d'un homme dont le Pere avoit versé à boire au sien*; il tint le même langage dans toute la Ville.

Le Comte de Reinach avoit tenu depuis long tems (de l'aveu même de Ferrier fils) de pareils discours & d'autres aussi desavantageux, dont Ferrier Pere, quoiqu'informé, n'a pas osé s'en plaindre.

Mais Ferrier fils, plus ambitieux & plus vain, trouvoit dans ces faits devenus publics, trop de mortification pour en rester là; il chercha le Comte de Reinach, il le joignit dans la Salle basse du Palais, il luy dit, qu'il avoit appris qu'il avoit eu l'impertinence de mal parler de luy & de sa Famille.

Le Comte convint du fait, & qu'il soûtiendroit ce qu'il avoit dit, à quoy Ferrier répartit qu'il étoit un insolent & un sot, qu'il étoit aussi Gentilhomme que luy, & qu'il luy prêteroit le collet par tout.

Dans l'inftant Mr. le Premier Préfident & cinq Confeillers ayans parû, le Comte de Reinach leur porta fes plaintes de l'infulte qui venoit de luy être faite.

Ferrier étourdi du coup fe fauva ; Mr. le Premier Préfident l'ayant rencontré dans la ruë, l'obligea de retourner dans la Salle baffe, où le Comte étoit refté, & voulut appaifer la chofe, en luy faifant faire fur le champ une efpece de réparation, mais Ferrier ne fit qu'en rire, & pretendit que c'étoit luy qui avoit été infulté le premier.

Le Comte de Reinach donna fa Requête de plainte, on informa, & fur l'information, Ferrier Fils fut decreté d'un affigné pour être oüi ; par fon Interrogatoire * il foûtint & pofa en fait dans les differentes rencontres, *que long tems avant qu'il eût aucune difficulté avec le Comte de Reinach, ce Gentilhomme avoit tenu contre luy & fa Famille, les mêmes difcours qu'il avoit depuis rendu, & continuoit de rendre publics dans Colmar & ailleurs.*

* Interrogatoire trés remarquable, & joint au Procés.

Aprés cet interrogatoire l'affaire fut civilifée, & Ferrier admit à la preuve du contraire ; il fit entendre quelques témoins, & fa preuve n'eût pour objet que de juftifier ce qu'il avoit pofé en fait dans fon interrogatoire.

Ferrier fils donna enfuite une Requête, où aprés avoir ofé expofer, cependant en trés-peu de mots, qu'il étoit Noble, indépendamment de la Charge de Secretaire du Roy de fon Pere, il a conclut à une réparation d'honneur, & en 2000. livres de dommages & interêts contre le Comte de Reinach.

Ferrier Pere, qui jufqu'alors n'avoit point paru & marqué par fon filence la moderation fi convenable à fon état, s'abandonna aux defirs de fon Fils ; il intervint dans la Caufe, & prit des conclufions qui avoient le même objet.

Le Comte de Reinach donna pareillement la fienne ; il déclara qu'il méprifoit la réparation de gens tels que les Ferrier, & il conclut feulement à la condamnation d'une fomme de 3000. livres, qui feroit appliquée à des œuvres pieufes.

La Caufe fut plaidée à la feconde Chambre du Confeil de Colmar. Que ne peut point une imagination fertile ? de quelles images n'eft-elle point fufceptible, lorfqu'elle prend pour guide l'orgüeil & la vanité ? Les Ferrier prétendirent qu'ils tenoient à la Pourpre ; ils fe dirent décendans du Cardinal de ce nom, venu d'Efpagne à Salon en Provence.

Mais quel poifon pour leur amour propre ! le Comte de Reinach fit pofer en fait par fon Avocat, *que Ferrier Pere avoit été Valet de Chambre du Sieur de Saint Juft Gouverneur de Belfort, enfuite Aubergifte & Cantinier, donnant à boire à tous venans ; que fa Femme (Mere de l'Avocat) avoit été Charlatane, qu'elle avoit montée publiquement fur le Théâtre, où elle portoit le nom & joüoit les Rôles de Colombine.* L'Avocat du Comte de Reinach dit en finiffant fon Plaidoyer, que fi les Ferrier fe défiftoient de leur demande en réparation, fa Partie n'infifteroit pas à la preuve de ces faits.

Mais les Ferrier fe trouvoient trop engagés, le contrafte étoit trop marqué ; & il n'y avoit pas moyen de renoncer à la preuve offerte, fans faire évanoüir comme un fonge la Pourpre qui décoroit leur naiffance ; il fallut donc perfifter dans la réparation demandée, & donner lieu à la preuve ; elle fut admife par Arrêt du 11. Septembre 1720. Le Suppliant fut commis pour faire l'Enquête : cette Commiffion fait l'époque de tous fes malheurs, elle eft la fource de toutes les perfécutions fous lefquelles il gémit depuis douze ans.

Les Ferrier, qui, lorfqu'il leur plaît de fe rendre à eux-mêmes, fe fouviennent encore de ce qu'ils ont été, ne douterent pas, que le Comte de Reinach ne parvînt à prouver ce qu'il avoit avancé ; c'eft pourquoy ils mirent tout en ufage pour la fufpendre ou pour en empêcher les effets, au cas que l'on y procédât ; ils déclarerent par acte † du 20. Septembre au Comte de Reinach, *que quoyqu'il pût faire en execution de l'Arrêt préparatoire du 11. du même mois, on ne pourroit le leur imputer à acquiefcement, & qu'ils proteftoient de fe pourvoir par les voyes de droit.*

† Cet Acte eft joint au Procés.

Ferrier Fils fe tranfporta en effet à Paris pour tenter la caffation de l'Arrêt ; mais, ny cet acte, ny la démarche de Ferrier Fils, n'empêcherent point le Comte de Reinach, de prendre le 28. du même mois l'Ordonnance du Suppliant Commiffaire, aux fins de faire affigner les témoins.

Le Suppliant se rendit à Belfort; les Ferrier, quoyque assignés, ne s'y presenterent point; ils n'avoient même garde de se presenter après l'acte qu'ils avoient fait signifier au Comte de Reinach, & que Ferrier étoit même à Paris pour tenter la cassation de l'Arrêt, en vertu duquel le Suppliant travailloit; de sorte que l'Enquête fut commencée le 3. Octobre 1720. & clôse le 10. du même mois par défaut contre eux. On verra par la suite, que tout ce que Ferrier dit contre le Procés verbal de cette Enquête, n'a pour principe qu'un faux raisonnement & de fausses consequences.

Ferrier Fils n'emporta de Paris que son désespoir; & ne pouvant se vanger du Comte de Reinach, il résolut d'immoler à sa haine le Commissaire, qui avoit fait cette Enquête.

Le 4. Novembre suivant il déclara en son nom seul au Comte de Reinach * *Que s'il est dans la nécessité de faire proceder de son côté à une contre-Enquête, ce sera sans se départir de ses moyens de droit contre l'Arrêt du 11. Septembre, de récusation & de prise à partie.*

L'on sent bien que cette prise à partie ne pouvoit regarder que le Commissaire. L'exécution que Ferrier Fils a donné à son projet l'a bien fait connoître, puisque depuis douze années il a laissé en paix le Comte de Reinach, & ne s'est occupé qu'aux moyens de perdre le Suppliant.

Dans cette vûë il fit presenter une Requête au Conseil de Colmar sous le nom de son Pere, il demanda qu'il luy fût permis de faire sa contre-Enquête, on le luy accorda par Arrêt du 22. Janvier 1721.

Le Suppliant fut encore commis aux fins de proceder à cette contre-Enquête; les Ferrier pouvoient le récuser & demander un autre Commissaire, s'ils eussent eû quelques sujets de soupçonner le Suppliant; mais ils étoient bien éloignés de se conformer aux régles, que les Loix & les Ordonnances indiquent en pareil cas, & particulierement Ferrier Fils, qui envisageoit cette seconde Enquête comme l'unique moyen de se vanger de ce qu'on eût, nonobstant sa protestation, procedé à la première, & surtout d'éloigner l'éclaircissement de faits, qu'il sçavoit être constant.

L'on prit donc de la part de Ferrier Pere l'Ordonnance du Suppliant pour faire assigner les Témoins; il se transporta une seconde fois à Belfort au mois de Fevrier suivant, il y trouva Ferrier Fils & Queffemme Procureur de Ferrier Pere, à la Requête duquel seul se faisoit la nouvelle Enquête.

Ferrier Fils assisté de ce Procureur commencerent par tendre un piege au Suppliant en luy presentant pour premiers Témoins trois Particuliers de Montbeliard, qu'ils avoient fait assigner par un Sergent du même lieu.

Le Suppliant leurs representa que ces assignations étoient nulles, n'ayans pû être données par un Sergent d'une Souveraineté étrangere, qu'il devoit les faire réassigner par le Sergent qui étoit à la suite de la commission comme les ayans trouvé sur les lieux; Ferrier Fils eu peine à se rendre à une raison si précise, il y fut cependant obligé, & ces trois Témoins furent ensuite entendus.

On produisit pour quatriéme Témoin une Femme nommée Marie-Ursule Courtot, fort incertaine dans ce qu'elle avoit à déposer; car après la lecture de sa déposition elle fit un ajoûté qui fut rédigé à la suite de sa déposition; & lecture luy en ayant été faite, elle en fit un second, qui fut transcrit à la marge, qu'elle signa de même que le corps de sa déposition.

Pour cinquiéme Témoin on produisit une autre Femme nommée Elisabeth Giboutet, elle avoit déja déposée dans l'Enquête du Comte de Reinach, elle le déclara dés l'entrée de sa déposition, & en se rapportant à sa premiére elle y ajoûta une circonstance trés-indifferente.

Cette Femme étant sortie de l'Auditoire rendit compte de ce qu'elle venoit de déposer, tant à Ferrier Fils qu'à Queffemme Procureur, qui aussitôt enterrent en l'Auditoire, & dirent au Suppliant que cette Femme se plaignoit qu'il n'avoit pas fait rédiger sa déposition dans son entier.

Le

Le Suppliant qui ignoroit les desseins que Ferrier Fils tramoit contre luy, regarda cette démarche comme l'effet de la petulance d'un jeune homme, qui ne sentoit pas la force de ses paroles. Il se contenta donc de luy remontrer qu'il n'étoit pas permis de gêner la déposition des Témoins, que le Procureur de son Pere suffisoit pour les administrer; le Suppliant fit néanmoins relire la déposition de cette Femme, qui ajoûta à la marge une circonstance très-inutile, étant même déja retenuë & avec plus d'étenduë dans sa première déposition; circonstance que Ferrier Fils venoit cependant de suggerer à ce Témoin; comme c'est principalement à l'occasion de ces deux Femmes que Ferrier crie à la fausseté & à la prévarication : on y répondra plus au long en son ordre & où l'on fera voir le complot medité entre Ferrier & ces Témoins.

Il entendit ensuite assés tranquillement quelqu'autres Témoins, mais le lendemain 28. Fevrier, Ferrier Fils commit la même indécence; deux Témoins, nommés Tisserand, luy ayant rendus compte de ce qu'ils venoient de déposer, il les fit entrer dans l'Auditoire avec Queffemme Procureur, pour ajoûter à leurs dépositions, *que le nommé Ferrand avoit été Valet de Chambre du Sr. de St. Just*, quoyque ce fait fût tout-à-fait inutile, & qu'il ne fût point retenu dans l'Arrêt qui ordonnoit l'Enquête (le Suppliant ne laissa pas de le faire ajoûter à la marge des dépositions de ces deux Témoins.

En suggerant ainsi aux Témoins d'ajoûter à leurs dépositions, Ferrier Fils avoit moins pour objet de détruire la preuve qui résultoit des Témoins du Comte de Reinach, que de se préparer les moyens d'envelopper le Suppliant dans la plus noire calomnie; il sçavoit que son Pere avoit été Valet de Chambre du Sr. de St. Just; il sçavoit consequemment qu'il ne parviendroit jamais à prouver le contraire, mais il songeoit à étouffer cette injure, en fixant les idées du Public sur le Suppliant seul; après cela Valet de Chambre ou Maître d'Hôtel du Sr. de St. Just, qui n'avoit pour tout revenu que 4000. livres attachés à son poste, c'est bien la même chose.

Il produisit pour 13. Témoin Chardoillet, qui, après avoir entendu la lecture de l'Arrêt, déclara qu'il avoit été oüi dans l'Enquête faite à la Requête du Comte de Reinach, & qu'il n'avoit rien à ajoûter à sa déposition; le Suppliant luy remontra que sa déposition dans la première Enquête ne le dispensoit pas de déposer dans celle qui se faisoit à la Requête de Ferrier Pere; qu'il falloit dire une seconde fois ce qu'il sçavoit des faits portés dans l'Arrêt; ce Témoin persista à soûtenir qu'il n'avoit rien de nouveau à dire, ce qui obligea le Suppliant de clore sa déposition.

Ferrier Fils informé par ce Témoin qu'il s'étoit rapporté à sa première déposition, s'empara à l'instant de l'Ordonnance du Suppliant, en vertu de laquelle les Témoins avoient été assignés, de son Procés verbal & de la feüille qui contenoit les noms & surnoms des tems.

Pendant ce tems que Ferrier Fils se livroit à ses emportemens, le Suppliant entendoit un autre Témoin, dont la déposition fut rédigée; il se fit informer ensuite du bruit qu'il venoit d'entendre, on luy dit que Ferrier Fils avoit fait retirer tous les Témoins.

Le Suppliant le manda pour apprendre de luy les raisons qui pouvoient le porter à tant d'extrémités. Ce furieux, sans respect pour un Magistrat en fonction, eut l'insolence de prendre le Suppliant par le bouton de son habit, en luy disant qu'il n'en avoit point d'autres que celles de faire tomber la première Enquête, & qu'il ne vouloit plus faire entendre de Témoins, parce que Chardoillet n'avoit point déposé.

Cette insulte criminelle obligea le Suppliant de faire clore son Enquête, & fit mention au bas, qu'il dresseroit séparément son Procés verbal de l'insulte qui venoit de luy être faite dans les fonctions de sa Commission par Ferrier & Queffemme, ce que le Suppliant fit sur le champ; mais plus occupé de conserver au caractere de Magistrat toute sa dignité, que de nuire à un furieux dont il plaignoit les égaremens, il mit trop de moderation dans un acte qui ne devoit pas en être susceptible; c'est le seul crime qu'il ait à se reprocher.

B

Etant encore à Belfort il en donna avis à Monſieur de Klinglin, Préſident de la Chambre, & de retour à Colmar, il rendit le lendemain 4. Mars 1721. compte de ſa Commiſſion à la Chambre ; il laiſſa ſur le Bureau ſon Procés verbal dreſſé le 28. Fevrier precedent.

Ce fait eſt des plus certains, il a été avoüé par Mr. d'Elveſt Conſeiller au Conſeil ſupérieur de Colmar, à la probité duquel, en qualité de Rapporteur de ſemaine d'alors, le Suppliant s'en eſt remis dans ſa Requête du 5. Juillet 1729. il a en même tems atteſté la foy des autres Juges qui avoient été alors à la Chambre, & aucun n'a pû dire le contraire ; il eſt de plus en état de juſtifier que Ferrier même pour lors en eſt auſſi convenu aux Juges. Cependant Ferrier a la mauvaiſe foy de ſuppoſer dans ſa Requête imprimée du 3. Decembre dernier page 4. au tiers de la fin, que le Suppliant n'avoit dreſſé ſon Procés verbal en irreverence que le 24. du mois de Mars 1721. & par récrimination ; mais l'impoſture eſt toûjours accompagnée d'impudence.

Ferrier après l'inſulte qu'il venoit de faire ſe rendit à Colmar, même avant le Suppliant ; il répandit auſſitôt pluſieurs faits injurieux contre l'honneur & la réputation du Suppliant, & il les réſuma enſuite dans un Libelle, qu'il qualifia d'acte évocatoire & de priſe à Partie.

L'Huiſſier qui en étoit chargé fut, ainſi qu'on l'obſerve à l'égard de tous les Conſeillers, dire au Suppliant qu'on luy avoit enjoint de luy ſignifier cet acte.

Le Suppliant le lut, & quoyqu'il dût des-lors s'attendre à tout d'un homme tel que Ferrier, il fut étonné de ne trouver qu'un Libelle affreux dicté par le déſeſpoir le plus violent ; il reconnut encore que cet acte étoit redigé à la requête de Ferrier Fils ſeulement, non partie dans l'Enquête, que toutes les parentés étoient imaginaires ; & enfin qu'un acte de cette nature devoit au moins être accompagné d'une procuration de Ferrier Pere Partie principale.

Ces raiſons déterminerent l'Huiſſier à ne le point ſignifier, & tous les Procureurs à ne le point ſigner, quelques injonctions verbales qu'on leur en eut fait.

Le Suppliant trop intereſſé aux faits que contenoit cet acte odieux, pour ne les pas conſerver, en tira une copie collationnée le 11. du même mois de Mars 1721.

Ferrier fils, qu'aucun obſtacle ne peut rebuter, s'adreſſa à Mr. le Procureur General du Conſeil de Colmar, & luy expoſa dans une Requête le refus qu'on luy faiſoit de ſigner, & ſignifier cet acte de priſe à partie & de cédule évocatoire, & il en demande acte, ce qui luy fut octroyé ſur le champ en ces termes.

Ait ledit Me. Ferrier acte de s'être adreſſé à Nous ſur ſon Expoſé en forme de Requête cy-deſſus, & aux fins y portées pour luy ſervir & valoir ce qu'il appartiendra, ſans préjudice à Nous de fournir cy-après, conformément à l'Ordonnance, des raiſons & motifs s'il y échoit, pour empêcher l'évocation. Fait à Colmar par Nous Procureur General du Roy au Conſeil Souverain d'Alſace le 13. Mars 1721. Signé, NEEF.

Cependant le 24. du même mois le Procés verbal du Suppliant fut rapporté, il y eut un ſoit montré au Procureur General, qui au lieu de ſe porter Partie, & de requerir un decret contre les Accuſés, ainſi que ſon miniſtère le demandoit dans une affaire auſſi generale & auſſi publique que celle dont il s'agiſſoit, ſe contenta de conclure en ces termes.

N'empêchons pour le Roy ledit Me. Ferrier & Queſſemme être ajourné perſonnellement pour répondre aux fins contenuës au preſent Procés verbal, & autres ſur leſquels Nous voudrons les faire oüir & répondre à nos concluſions.

Le même jour il y eut Arrêt conforme.

Cependant le Suppliant ayant appris que Ferrier continuoit à le diffamer par toute la Ville, & en particulier, de ce qu'il avoit compoſé un Libelle diffamatoire remply d'impoſtures & de calomnies, ſous le titre d'acte évocatoire & de priſe à Partie ; il donna ſa plainte & obtint Arrêt le 26. du même mois de Mars, qui luy permit l'information requiſe, il y fut procédé les 2. & 4. Avril ſuivant.

Les mêmes jours Ferrier & Queſſemme ſubirent interrogatoire ſur les faits réſultans du Procés verbal d'irréverence.

Le Suppliant pour régler les qualités, fit faire une sommation le 21. du même mois d'Avril à Ferrier Pere, de déclarer s'il entendoit de son chef soutenir le contenu en la cédule évocatoire, tant pour raison de la prise à Partie, que pour l'évocation, afin de proceder avec luy ainsi qu'il apartiendroit, sinon qu'il prendroit son silence pour un aveu formel.

Ferrier Pere ne répondit rien à cette sommation ; mais Mr. le Procureur General de Colmar prit prétexte de cette prétenduë cédule évocatoire toute informe & irréguliere qu'elle étoit, pour écrire en Cour, & se plaindre du refus que les Procureurs & les Huissiers faisoient de le signer & signifier, & par la même Lettre il demandoit la permission de faire informer extraordinairement contre le Suppliant.

Il reçût des ordres supérieurs portant, *qu'il se donna bien de garde de faire une pareille démarche, si contraire à toutes les Régles & aux Ordonnances, qu'il ne luy étoit pas permis d'ignorer dans la place qu'il remplissoit.*

Mais le coup étoit porté, Mr. le Procureur General, & les Ennemis secret du Suppliant, n'avoient eu d'autre objet en cela que de mal imprimer le Conseil de Sa Majesté contre le Suppliant, & de le disposer à écouter favorablement les plaintes supposés de Ferrier, Pere & Fils.

Les Ferrier s'étans de suite rendus à Paris, ils obtinrent Arrêt le 6. Septembre 1721. qui ordonna, que toutes les procédures seroient apportées an Greffe du Conseil d'Etat.

Ensuite, ils firent imprimer, & distribuer un Libelle, dans lequel ils eurent le front d'imputer au Suppliant (comme s'ils étoient les Censeurs publics) *plusieurs prévarications, faussetés & concussions ; ils le dépeignirent comme un homme de mauvaise réputation, décrié dans sa Province, & auquel sa Compagnie n'osoit confier aucune affaire importante. Ils concluent. A ce qu'il plût à Sa Majesté, retenir la connoissance du fond des contestations pendantes à Colmar entr'eux le Suppliant, & le Comte de Reinach Ce faisant, que sans s'arrêter aux demandes du Comte de Reinach, aux procédures faites en consequence, ny aux Arrêts préparatoires rendus au Conseil de Colmar, ny à tout ce qui avoit precedé & suivy, ces Enquêtes seroient declarées fausses & calomnieuses, que le tout seroit brûlé, & que le Suppliant, conjointement avec le Comte de Reinach, seroient condamnes chacun en 100000. liv. de dommages & intérêts.*

Quelques effrayantes que fussent ces conclusions, & quelque injustice qu'elles supposassent dans le Suppliant, les Ferrier n'eurent que la honte de les avoir formées ; car après une instruction de plus de six mois, & un examen des plus scrupuleux de toutes les procédures apportées au Greffe du Conseil d'Etat, il fût rendu Arrêt le 25. Avril 1722. qui ordonna, qu'il seroit mis néant sur la Requête des Ferrier, Pere & Fils, en consequence que les minutes des enquêtes, informations & procés verbaux, seroient renvoyés au Greffe du Conseil de Colmar, pour y être procedé, suivant ces derniers erremens.

Le Suppliant se trouva pleinement justifié par cet Arrêt, le Conseil d'Etat avoit vû son ouvrage, & loin de reconnoître qu'il y eût lieu à l'évocation, & à la prise à partie, ny qu'il fût prévaricateur, concussionnaire, & faussaire, comme les Ferrier l'avoient exposé, & prétendus l'avoir justifié dans le grand Libelle diffamatoire qui est joint au procés, il applaudit au contraire à sa procédure, & ne luy laissoit plus qu'à pourfuivre l'effet de la plainte qu'il avoit portée pardevant ses Juges naturels ; c'est-à-dire qu'à faire juger dans sa Compagnie même la réparation qui luy étoit dûe, tant sur son procés verbal d'irréverence, que sur les diffamations honteuses dont on l'avoit accablé.

Mais Ferrier Fils plus désesperé que jamais, distribua dans la Province d'Alsace le Libelle diffamatoire dont on vient de parler.

Le Suppliant en porta ses plaintes au Conseil de Colmar, qui par Arrêt du 17. Août 1722. luy permit d'en informer par addition.

L'information faite, Ferrier Fils presenta Requête, dans laquelle il exposa, que l'Arrêt du Conseil d'Etat avoit uniquement jugé qu'il n'y avoit pas lieu à l'évocation, mais que ces moyens de prife à partie fubfiftoient en leur entier. Sur ce fondement, il demanda acte de ce qu'il confentoit de furfeoir à l'inftruction de la prife à partie, pendant tel tems qu'on luy prefcriroit, à l'effet de quoy le Suppliant feroit tenu de faire procéder dans ce même tems au jugement de l'inftance, réfultante des faits inferés, dans le procés verbal d'iréverence feulement.

Le Confeil de Colmar mit *néant* fur cette Requête, dont il connut alors toute l'irrégularité & le ridicule par Arrêt du 27. Août, & par autre Arrêt du même jour, Ferrier Pere fut décrété d'affigné, pour être oüi fur les faits de la derniere information par addition, & Ferrier Fils d'ajournement perfonnel, pour être interrogé tant fur les faits réfultans de la premiere information, que de celle par addition.

Ferrier Pere fubit interrogatoire le 22. Septembre fuivant, il s'excufa le mieux qu'il put en difant, *qu'il n'avoit point de connoiffance de la Cédule évocatoire, que l'on qualiffoit d'acte injurieux, qu'il ne l'avoit jamais vû ; & à l'égard du Memoire imprimé, il déclara ne l'avoir lû, que le jour même que l'affaire avoit été rapportée au Confeil du Roy.*

Ferrier Fils plus hardy, avoüa ce Memoire imprimé, *comme fon propre ouvrage, & foûtint l'avoir fait pour l'inftruction de fes Juges.*

Le tout cummuniqué au Parquet, Mr. le Procureur General ne jugea pas à propos de requerir que les témoins feroient récolés & confrontés, ainfi qu'il et oit de la régle ; mais il demanda, *qu'avant faire droit, il fût informé à fa Requête, tant du contenu au Procés verbal d'irréverence, que des faits portés par les Réponfes de Ferrier Fils en fes Interrogatoires des 22. & 23. Septembre, 1722. circonftances & dépendances, pour l'information faite & à luy communiquée, être pris par luy telles conclufions qu'il appartiendroit.*

Ce Réquifitoire, tout irrégulier qu'il étoit, embarraffa le Confeil de Colmar, on prit le party d'en écrire à Mr. le Garde des Sceaux, & de luy envoyer toutes les piéces du Procés, pour fçavoir ce qu'il jugeoit à propos qu'on fît dans le cas qui fe prefentoit.

Mr. le Garde des Sceaux fit examiner ces piéces, & fit enfuite réponfe en ces termes, addreffée à Mr. le Préfident de Klinglin.

J'ay reçu vôtre Lettre du 22. du mois paffé avec toutes les piéces que vous y avez jointes, je fuis affés inftruit d'ailleurs des raifons d'animofité qui font entre le Procureur General du Confeil Supérieur d'Alface & le Sieur Gomé, pour n'être pas furpris de l'incident qui vous a été formé par les conclufions prifes fur le Procés d'entre le Sieur Gomé & Ferrier ; je les regarde de la part dudit Ferrier, comme une récrimination faite par un accufé ; & de la part du Procureur General, comme un effet de l'indifpofition dans laquelle il eft contre ledit Sieur Gomé, & de la protection qu'il a voulu donner à fa Partie ; mais comme cette récrimination, fuppofé même qu'elle fût fondée, ne doit jamais retarder l'Inftruction & le Jugement du Procés, à l'occafion duquel elle eft faite ; vous devez fans difficulté paffer outre au Jugement du Procés, qui eft pendant entre ledit Sieur Gomé & ledit Ferrier, fauf après le Jugement dudit Procés, à être fait droit, ainfi qu'il appartiendra, fur les conclufions prifes par le Procureur General contre le Sieur Gomé, s'il entend les foûtenir, à quoy il doit faire une mûre reflexion ; & je luy écris à cette occafion, pour luy faire connoître ce que j'ay lieu de penfer de fon procédé, & combien il doit avoir d'attention fur fa conduite, pour prévenir les inconvéniens dans lefquels il pourroit tomber. Je fuis, Monfieur, vôtre affectionné Serviteur, D'ARMENONVILLE.

Depuis cette Lettre, le Confeil de Colmar ordonna par Arrêt du 14. Decembre 1722. que les témoins feroient récolés ; & fi befoin étoit, confrontés aux accufés.

Ferrier Pere fe prefenta feul, & Ferrier Fils s'abfenta ; de forte que la procédure ne pût être achevée contre luy que par contumace.

Le Confeil d'Alface rendit fon Arrêt définitif le 17. Mars 1723. qui déclara la Contumace bien inftruite, & pour les cas réfultans du Procés, Ferrier Fils fut condamné

damné à une réparation autentique. A l'égard du Pere, il fut condamné contradictoirement à comparoir dans la Chambre, pour y déclarer en presence du Suppliant, que mal à propos, & comme mal avisé, il avoit consenti que son nom fût inseré dans les actes joints au Procés, qu'il lui en demande pardon, & le tenoit pour Juge integre & incorruptible. Le même Arrêt condamna le Pere & le Fils solidairement à payer au Suppliant tous ses débourfés, & aux dépens du Procés; on enjoignit à Queffemme Procureur de porter à ses Supérieurs le respect & l'honneur qu'il leur devoit.

Ferrier Pere paya les débourfés & les dépens, & le Suppliant luy fit grace de la réparation.

Il ne sembloit pas aprés un pareil Arrêt que le Suppliant dût craindre d'être inquieté, son innocence venoit d'être solemnellement reconnuë, & il se croyoit rendu à cet état paisible d'où les calomnies d'un Ambitieux l'avoient fait fortir; la suite va faire connoître qu'il se trompoit, qu'en matiere de Procés suscité par la haine & la vengeance, le passé ne peut que foiblement raffûrer contre l'avenir, & que les causes les plus justes, ont suivant les tems où elles se presentent, un fort plus ou moins heureux.

Le Suppliant demeura quelques tems tranquille; il se transporta à Paris sur la fin du mois de Juin 1723.

Ferrier profita de son absence, il se presenta brusquement le 6. Juillet suivant, à l'effet de purger sa contumace; & somma le lendemain le Suppliant au domicile de son Procureur, de l'écroüer dans les 24. heures, sinon qu'il se pourvoiroit; tant pour avoir son élargissement, que pour toute autre demande & action.

Ferrier fut confronté aux Témoins les 4. & 6. Septembre, même année, & le lendemain 7. il obtint Arrêt qui l'élargit, à charge de se representer toutes fois & quantes.

Le même jour Ferrier donna une autre Requête; où il résuma dans son stile ordinaire tous les mêmes faits calomnieux, il demanda à en faire preuve, & qu'à cet effet les minutes des Enquêtes faites par le Suppliant, & autres pieces, soient déposées au Greffe du Conseil de Colmar; & pour faire droit sur sa demande, que les deux Chambres fussent assemblées ou en tout cas, comme Fils de Secretaire du Roy, & pourvû d'un Office de Conseiller, qu'il fût renvoyé à la premiere Chambre, pour y être jugé suivant son Privilege.

Le 10. Septembre il y eut Arrêt, qui renvoya le Procés à cette premiere Chambre.

Le Suppliant étoit encore absent; son Procureur demanda une surféance d'un mois, pour en recevoir de nouvelles instructions; elle luy fut accordée; mais le même jour ou le lendemain le Suppliant arriva à Colmar.

Ferrier ne luy donna pas le tems de se reconnoître; il s'opposa à cette surféance.

Cette précipitation déconcerta le Suppliant, il crût devoir risquer le remede que dans de tels cas les Loix indiquent aux Opprimés.

Il fit signifier le 16. Septembre une cédule évocatoire, fondée sur l'inimitié de plusieurs de ses Juges; Mr. le Procureur General s'y opposa.

Le lendemain Ferrier donna sa Requête, à ce que le Procés fût jugé sans aucune rétardation; de sorte que le même jour 17. Septembre il intervint Arrêt, qui sans s'arrêter à la cédule évocatoire du Suppliant; reçût Ferrier Opposant à la surféance, & ordonna que sans aucun delay il seroit passé outre à l'instruction & au Jugement du Procés.

Le 22. du même mois on rendit un autre Arrêt, les Chambres assemblées, qui admit Ferrier à la preuve des faits justificatifs par luy allégués au procés, & en ses interrogatoires; sçavoir.

Que le Suppliant n'eût pas plûtôt appris, que Ferrier fils avoit traité d'un Office " de Conseiller, qu'il commença à tenir de luy des discours trés-désavantageux. Qu'avant " qu'il n'eût aucune difficulté avec le Sr. de Reinach, le Suppliant avoit déja com- " mencé à publier les faits injurieux à sa Famille, à la preuve desquels le Sr. de " Reinach a été admis par la suite. Que le Suppliant avoit excité le Sr. de Reinach "

C

,, à foûtenir le Procés contre luy. Que le Suppliant procedant à l'enquête du mois
,, d'Octobre 1720. avoit fupprimé adroitement les circonſtances des depofitions, qui
,, alloient à détruire les faits pofes par le Sr. de Reinach, & qu'il a inferé contre
,, l'intention des Témoins des termes, qui alloient à établir les mêmes faits. Qu'il
,, n'avoit pas fait lire à plufieurs le veritable Arrêt, qui interloquoit les Parties. Qu'il
,, ne leur en avoit pas expliqué le fens naturel, pour les mettre en état de dépofer à
,, charge & à décharge; que par artifice & équivoque, il avoit empêché les Témoins
,, de dire pofitivement que Ferrier Pere n'avoit pas été Valet de Chambre du Sr. de
,, Saint Juſt. Que le nommé Ferrant avoit fait les fonctions qu'on attribuoit à Ferrier
,, Pere & s'ils avoient vû la Mere de Ferrier fils fur le Theatre. Que le Suppliant
,, avoit fait voir la premiere Enquête, tant à Colmar qu'à Belfort, à plufieurs per-
,, fonnes qu'il preſſoit de prendre lecture; & fur ce qu'on luy difoit que les dépofi-
,, tions n'operoient aucune preuve, il s'emportoit & difoit qu'on n'en pouvoit voir de
,, plus claires, & qu'il avoit témoigné de la paffion contre Ferrier fils en plufieurs com-
,, pagnies par fes difcours dans l'intervalle des deux Enquêtes.

,, Le même Arrêt a ordonné que fur les requifitions du Procureur General, il feroit
,, informé fa requête par-devant le même Commiſſaire du Procés verbal d'ir-
,, réverence des 27. & 28. Fevrier 1721. que les minutes des Enquêtes & Procés
,, verbal des 3. 4. 5. 7. 8. 9. & 10. Octobre 1720. & les originaux des Affigna-
,, tions données à Ferrier & aux témoins oüis en ladite Enquête feront jointes au procés, à
,, l'effet dequoy feront tenus le Sieur de Reinach, Larcher l'aîné fon Procureur, & tous
,, autres dépofitaires de rapporter dans huitaine au Greffe du Conſeil lefdites affigna-
,, tions, à ce faire contraints par toutes voyes dües & raifonnables pour ladite informa-
,, tion faite & rapportée avec lefdites piéces, être le tout communiqué au Procureur
,, General, être enfuite ordonné ce qu'il appartiendra.

C'eſt ainfi que le Conſeil de Colmar renverſa dans un moment fes propres déciſions
& celles du Conſeil de Sa Majeſté; décifions qui avoient profcrits ces mêmes faits.
C'eſt ainfi que Ferrier d'Accufé eſt devenu l'Accufateur de fon Juge.

Incontinent aprés cet Arrêt, Ferrier nomma les témoins qu'il vouloit qu'on entendit fur fes prétendus faits juſtificatifs; il nomma partie de ceux qui avoient été oüis
dans ces deux Enquêtes reçus par le Suppliant, & il indiqua plufieurs autres témoins
nouveaux.

L'on procéda à l'audition de ces témoins dés le premier Octobre 1723. plufieurs
de ces témoins ne furent point affignés, & n'ont point été entendus. Mais la maniere
dont on a reçu les dépofitions de ceux qui ont été entendus, eſt encore bien plus
furprenante; les faits eſſentiels de ces faits qualifiés juſtificatifs étoient de fçavoir, fi
le Suppliant avoit commis des fauſſetés & des prévarications dans les Enquêtes
aufquelles il avoit procédé en 1720. & 1721. L'ordre vouloit au moins qu'on fît
à chacun de ces Témoins lecture de fa dépofition, lorfqu'ils fe prefenterent en 1723.
pour dépofer fur ces faits de fauſſetés & de prévarications; mais comme cette régle eût été la juſtification du Suppliant, on n'a eu garde de la fuivre: on demanda
fimplement à ces Témoins * ce qu'ils avoient dépofés trois ans auparavant devant
le Suppliant, & on leur faifoit entendre qu'ils pouvoient fe rétracter impunément,
quoyqu'ils euſſent fignés leurs dépofitions; de forte que fous pretexte d'une Enquête
juſtificative, c'étoit une efpece d'information inoüie, & au mépris de toutes les
Loix, qu'on faifoit contre le Suppliant.

Pendant cette procedure qui fe faifoit avec précipitation à Colmar & à Belfort,
le Suppliant étoit au pied du Conſeil du Roy pour avoir Juſtice de ce qui venoit
de fe paſſer au Conſeil de Colmar, & fes plaintes furent trouvées fi juſte, que par
Arrêt du Conſeil d'en Haut du 23. Novembre 1723. *Sa Majeſté aprés avoir déclaré qu'elle étoit informée de la divifion qu'il y avoit eu dans le Conſeil de Colmar,
au fujet du Procés d'entre le Suppliant & Ferrier Fils, que quelques-uns des Officiers de ce Tribunal avoient donné des marques d'une partialité ouverte, & que les
deux Arrêts qu'ils avoient rendus les 10. & 22. Septembre 1723. étoient autant
de contraventions aux régles les plus certaines. Sa Majeſté caſſa & annulla lefdits*

deux Arrêts & tout ce qui s'en étoit enfuivy ; en conféquence renvoya les Parties au Parlement de Metz, pour y proceder fur leurs Procés & differends, comme auparavant lefdits deux Arrêts, & ordonna que les minutes des charges & informations, & autres procédures fervant au Procés feroient envoyées audit Parlement.

La caffation des Arrêts de Colmar avoit été annoncée par une Lettre de M. le Garde des Sceaux, écrite à Mr. le Préfident de Klinglin le 17. Octobre précédent, en ces termes. *Monfieur, J'ay reçû vôtre Lettre du 29. du mois paffé avec la copie du difcours en forme d'opinion, que vous avés prononcé lors du Jugement du Procés du Sr. Ferrier. Je trouve, avec bien du déplaifir, dans tout ce qui s'eft paffé dans le Confeil Supérieur de Colmar, un effet trop vifible de la divifion qui partage cette Compagnié depuis longtems, & qui en bannit totalement l'efprit de Juftice. Je ne doute point que le Sr. Gomé ne fe pourvoye bientôt en caffation des Arrêts qui y ont été rendus, & la connoiffance que j'ay des motifs qui ont donné lieu à ces Arrêts, pourra me déterminer à un party qui eft peut-être le feul qui puiffe calmer l'animofité des deux partis, & remettre la tranquilité & le bon ordre dans cette Compagnié. Je fuis Monfieur, vôtre trés-affectionné Servieur, d'ARMENONVILLE.*

Ferrier ayant formé oppofition à l'exécution de cet Arrêt par une Requête préfentée au mois de Janvier 1724. fa Requête fut rejettée.

Toutes les pieces & procedures ayant donc été portées au Parlement de Metz, & aprés toutes les formalités preferites, le Suppliant obtint Arrêt le 17. Juin 1724. fur le vû de toutes les pieces du Procés, qui condamna Ferrier Fils aux mêmes réparations prononcées contre luy à Colmar par l'Arrêt de contumace du 17. Mars 1723.

Le même Arrêt le condamne en outre à 6000. livres de dommages & interêts, & aux dépens, le tout payable par corps; avec défenfes de récidiver, fous de plus grandes peines.

Cet Arrêt fut fuivy de quelques autres, en vertu defquels le Suppliant reçût une partie des fommes qui luy avoient été ajugées.

Voilà les ombres qu'on avoit voulu répandre fur l'innocence du Suppliant encore une fois diffipées ; voilà des Juges indifferens qui frappent du glaive de la Juftice le calomniateur, & qui rendent à la conduite du Suppliant les témoignages qu'elle mérite.

Pourquoy des avantages puifés dans des fources fi pures ne font-ils pas plus durables? eft-ce donc le privilége de la calomnie de renaître de fes propres cendres? & ne peut jamais en être à couvert.

Ferrier prouve qu'elle n'eft point fufceptible de termes. Trois ans aprés cet Arrêt il prefenta Requête au Confeil du Roy, il demanda qu'il luy fût permis de fe pourvoir contre l'Arrêt rendu au Confeil de Sa Majefté le 13. Novembre 1723. ce faifant, que fans avoir égard à ceux du Parlement de Metz, les Parties feroient remifes au même état où elles étoient avant ledit Arrêt du 13. Novembre 1723. en conféquence, que ceux rendus au Confeil d'Alface les 10. & 22. Septembre même année, feroient exécutés, pour y être les procedures continuées fuivant les derniers erremens, & que le Suppliant feroit tenu de luy rendre les fommes qu'il avoit reçû en exécution des Arrêts du Parlement de Metz.

Sur cette demande il a été rendu Arrêt au Confeil du Roy le 8. Janvier 1729. " Par lequel, fans s'arrêter à ceux du Parlement de Metz, qui font caffés, ny à tout " ce qui a fuivy ; les Parties ont été remifes au même état où elles étoient avant " celuy rendu au Confeil de Sa Majefté le 13. Novembre 1723. ce faifant, il a été " ordonné que les Parties procederoient au Confeil de Colmar en exécution des Ar- " rêts de ce même Tribunal des 10. & 22. Septembre 1723. fuivant les derniers erre- " mens qui en avoient précédés la caffation ; & quant à la demande en reftitution des " fommes reçûes par le Suppliant en exécution des Arrêts du Parlement de Metz, elle " a auffi été renvoyée au Confeil d'Alface. "

Quelque trifte qu'il fut pour le Suppliant de voir revivre un procés qu'il croyoit éteint pour toûjours, ce n'étoit pas ce qui le mortifioit le plus, parce que fon innocence l'a jufqu'icy raffuré, & qu'elle le raffurera jufqu'au dernier foûpir ; ce qui l'a affligé, ça été de fe voir renvoyé à un Tribunal dans lequel il compte pour ennemis capitaux plufieurs Juges de ce Tribunal.

Perfuadé que Sa Majefté n'avoit point entendu en le renvoyant à Colmar, de le livrer aux reffentimens & à la haine ; il luy prefenta une Requête, par laquelle il la fupplia de le renvoyer en tel autre Tribunal qu'elle jugeroit à propos.

Mais Ferrier n'eut garde d'attendre l'évenement de cette demande ; à peine fut-il faifi de fon Arrêt, que de Paris, il envoya à Colmar une Requête toute dreffée & fignée, fur laquelle dès le 17. Fevrier 1729. il obtint Arrêt, qui luy permit de faire affigner le Suppliant en conftitution de nouveau Procureur.

Le Supliant prévoyant bien que fur une telle affignation, on procéderoit fans autre délay que ceux prefcriss par l'Ordonnance, fe vit contraint de laiffer fa Requête indécife, & de fe tranfporter à Colmar. auffi-tôt qu'il y fut arrivé il conftitua Procureur, & quatre jours après, c'eft-à-dire, le 29. Avril 1729. il fomma Ferrier de luy donner copie de l'Enquête faite au fujet de fes faits juftificatifs.

Ferrier au lieu de répondre à cet acte, luy fit fignifier le 7. May fuivant une Requête, où il concluoit à être déchargé de l'accufation contre luy intentée, & que le Suppliant fut condamné par corps à luy payer fes débourfés, & à luy reftituer les fommes par luy payées, avec les interêts du jour de chaque payement, & en fes dommages & interêts ? il demandoit encore qu'il luy fut donné acte de ce qu'il requeroit la jonction de Mr. le Procureur General, ce faifant, qu'il luy fut permis de reprendre la voye extraordinaire ; qu'à cet effet l'Enquête de fes faits juftificatifs fut convertie en information, avec permiffion de la continuer par addition s'il y échoit fur le contenu en fa plainte originaire du 13. Mars 1721. en même-tems que fur fa prife à partie.

Le 17. du même mois de May 1729. le Suppliant fit une pareille fommation au Greffier que celle qu'il avoit fait à Ferrier, de luy donner communication de l'Enquête des faits juftificatifs.

Le Greffier ayant auffi refufé, il obtint Arrêt le 18. May, qui ordonna que le Greffier luy donneroit communication fans déplacer de cette Enquête compofée de 74. témoins. Cette communication quoy qu'imparfaite déplût à Ferrier, il prétendit que le Suppliant ne pouvoit faire d'obfervations fur les dépofitions de ces témoins, & qu'il devoit fimplement en prendre lecture, on décida verbalement le contraire, & il fallut du tems pour prendre cette communication.

Dans ces entrefaites l'Avocat du Suppliant tomba malade, il demanda un délay d'un mois ; ce terme étoit court pour l'inftruction & le travail d'un nouvel Avocat, chargé d'examiner la dépofition de 74. Témoins, les confronter pour la plûpart à leurs dépofitions reçûës par le Suppliant trois ans auparavant, & répondre en même tems à la Requête que Ferrier avoit fait fignifier le 7. May, dans laquelle il avoit réfumé tous fes faits calomnieux contenus dans fes premiers écrits.

Le travail étoit long, & méritoit bien un délay d'un mois en faveur d'un ancien Confeiller, qui fe trouvoit privé des fecours d'un Avocat, auquel il avoit donné fa confiance. Mais comme on étoit bien éloigné de luy accorder aucunes graces ; on mit néant fur fa Requête.

Le Suppliant fe vit donc forcé de travailler jour & nuit à la Requête en réponfe, qu'il fit fignifier le 5. Juillet 1729. il y propofa des moyens de nullité & de reproches contre les dépofitions de plufieurs Témoins ouïs dans l'Enquête des prétendus faits juftificatifs ; il interjetta appel, comme de Juges incompétens, de l'Ordonnance renduë par Mr. le Procureur General de Colmar, le 13. Mars 1721. au bas de l'acte qualifié évocatoire & de prife à Partie ; il demanda qu'il fût dit que cette Ordonnance avoit été mal, nullement & incompétemment renduë ; que fans s'arrêter à la Requête de Ferrier du 7. May 1729. il fût déclaré fans qualité, en tous cas non recevable, & fubfidiairement mal fondé, & qu'il fût condamné pour les cas réfultans du Procès, à une réparation proportionnée, & en des dommages & interêts.

Il y eut de la part du Suppliant & de celle de Ferrier, encore de chacun une Requête les 6. & 7. Juillet, & l'Arrêt qui fut rendu le 9. du même mois de Juillet 1729. est conçû en ces termes.

Tout vû & consideré, nôtredit Conseil, sans s'arrêter aux moyens de nullité & de reproches, non plus qu'à l'appel d'incompetence & fins de non recevoir, sans s'arrêter quant à present aux Requêtes de Mr. Gomé des 5. & 17. du present mois de Juillet; ayant aucunement égard quant à present à celles de Ferrier des 7. May & 5. Juillet present mois, a renvoyé & renvoye ledit Ferrier absous des cas à luy imposés; en consequence a condamné & condamne ledit Mr. Gomé, & par corps, de rendre & restituer audit Ferrier la somme de 5375. livres, & celle de 897. livres qu'il a reçû en execution des Arrêts du Parlement de Metz des 17. Juin 1724. 27. Juin & 4. Juillet 1725. aux interêts desdites sommes, du jour que les payemens en ont été faits, & en tous les dépens du Procés.

Faisant droit sur les requisitions de nôtre Procureur General, a donné acte formellement audit Ferrier de sa plainte contre Mr. Gomé; en consequence a ordonné & ordonne, qu'à la Requête de nôtredit Procureur General, pourfuite & diligence dudit Ferrier, il sera informé pardevant Mr. François-Richard Holdt, Doyen, & Mr. François-Antoine Joseph Muller, Conseillers, que nôtredit Conseil a commis & commet à cet effet, des faits d'accusation portés, tant par la cédule évocatoire du 13. Mars 1721. Requête d'évocation qui l'a suivi, & Memoire y joint, que par l'interrogatoire qu'il a subi les 22. & 23. Septembre 1722. & Requêtes par luy presentées les 27. Août de la même année, 17. Septembre 1723. & 7. May 1729. circonstances & dependances; comme aussi que les Témoins oüis en l'Enquête des faits justificatifs seront repetés, & pourront être entendus sur les autres faits dont est plainte, pour lesdites informations & repetitions faites & communiquées à nôtre Procureur General, être statué ce qu'au cas appartiendra.

Cependant a ordonné & ordonne que Mr. Gomé sera ajourné à comparoir en personne pardevant les mêmes Commissaires dans huitaine, pour être oüi & interrogé sur les faits resultans du Procés, & autres sur lesquels nôtredit Procureur General voudra le faire oüir, & répondre à ses conclusions, & demeureront jointes au Procés les pieces cy-dessus énoncées, ensemble le Procés verbal des pretenduës insultes du 28. Fevrier 1721. l'information faite à la Requête de nôtre Procureur General sur icelui le 4. Octobre & jours suivans de l'année 1723. le Procés verbal d'Enquête commencé le 28. Septembre, & clos le 3. Octobre 1720. les minutes dudit mois d'Octobre 1720. & de Fevrier 1721. l'Ordonnance donnée au Procureur du Sr. de Fouffmagny le 28. Septembre 1720. & les originaux des assignations données en consequence à Ferrier & aux Témoins ledit jour 28. Septembre, 2. 3. 4. 7. 8. & 9. Octobre de la même année.

Cet Arrêt, tant par son irregularité & par son iniquité évidente, que par la précipitation avec laquelle il a été rendu, porte avec luy toutes les marques les plus sensibles d'une vengeance, dont la passion n'est que trop démontrée par ce qui a été rapporté cy-devant; & pour tâcher de la pallier par quelques objets de preuves, & pour empêcher que le Suppliant, qui s'étoit pourvû au Conseil du Roy, ne pût facilement réüssir dans sa demande en cassation, on s'est hâté de mettre cet Arrêt à execution.

Ferrier signifia cet Arrêt le 23. du mois de Juillet, & le 26. on le signifia au Suppliant de la part de Mr. le Procureur General, & dés le 3. du mois d'Août suivant l'on répeta les Témoins de l'Enquête des faits justificatifs, & le 6. du même mois on fit une nouvelle information, qui contient une recherche de toute la vie du Suppliant, même des actions les plus indifferentes; la façon éclatante dont on a fait cette recherche a scandalisé tous les honnêtes gens.

Ferrier, pour commencer ce projet, envoyoit des Emissaires dans toutes les maisons de la Ville & ailleurs, s'informer de tout ce qui pouvoit toucher la réputation du Suppliant, mais l'on s'est vû obligé de remplir cette information de gens qu'on avoit persuadé de dire au moins, qu'ils avoient oüi dire que le Suppliant n'avoit pas bonne réputation ; oüis dire dont Ferrier & les ennemis secrets du Suppliant étoient les Auteurs ; c'est de pareils Témoins que cette inquisition est principalement composée , & dont on ne trouvera pas d'exemple dans les Archives d'aucun Parlement.

L'on a bien senti par la preuve qui résultoit de cette monstrueuse procedure qu'il n'y avoit pas lieu de convertir l'ajournement personnel prononcé par l'Arrêt en decret réel ; on souhaitoit néanmoins d'en venir là pour deshonorer, s'il étoit possible , en quelque maniere le Suppliant.

Pour cet effet Mr. le Procureur General du Conseil de Colmar leva un défaut au Greffe, qu'il fit juger le 27. du même mois d'Août , qui convertit le decret personnel en réel ; en consequence on a fait le 16. Septembre suivant la perquisition de la personne du Suppliant, ses biens ont été saisis & annotés , & avec la même diligence, l'on a rendu Arrêt qui ordonna que les Témoins de la répétition & information seroient récolés , & que le récolement vaudroit confrontation.

On a donc , & sans perdre de tems, procedé au récollement, la plûpart des Témoins oüis dans la répétition furent récolés ; à l'égard de ceux de la nouvelle information, il n'y en eut qu'un trés-petit nombre de récolés , & seulement ceux, qui dans l'idée de Mr. le Procureur General de Colmar, faisoient quelques charges; on n'osa cependant pas presenter cette procedure pour avoir un Arrêt diffinitif contre le Suppliant, parce qu'il n'y avoit pas lieu de rien statuer contre luy, & que même la saine partie des Juges avoient dit publiquement que les informations faites contre le Suppliant luy faisoient honneur; c'est pourquoy on se vit obligé d'en demeurer là ; c'est un fait que le Suppliant justifieroit, s'il étoit trouvé necessaire.

,, Le 20. Mars 1730. le Suppliant obtint Arrêt au Conseil d'Etat sur la Requête
,, en cassation qu'il avoit presenté, qui ordonna que dans deux mois Mr. le Pro-
,, cureur General du Conseil de Colmar envoyroit les motifs de l'Arrêt du 9. Juillet
,, 1729. & que dans le même délay les informations, Enquêtes, Procés verbaux,
,, & toutes les autres pieces & procedures, tant civiles que criminelles, seroient ap-
,, portées au Greffe du Conseil d'Etat.

On laissa expirer tous les délais, & on ne satisfit ensuite qu'en partie à cet Arrêt; car on retint à Colmar toute la nouvelle procedure qu'on y avoit faite en exécution de l'Arrêt dont le Suppliant demandoit la cassation.

Ferrier , qui avoit suivi l'envoy de la procedure, ne fut pas plûtôt à Paris, qu'il se plaignit dans un Placet en forme de Requête, de ce que le Conseil de Colmar avoit envoyé les originaux de la procedure ; il prétendit qu'on ne devoit avoir envoyé que des copies collationnées, ; il demanda qu'à cet effet les minutes fussent renvoyées à Colmar ; mais sa Requête fut rejettée.

Le Suppliant poursuivit ensuite le rapport de sa demande en cassation ; mais il luy fut dit que l'affaire n'étoit point en état, parce qu'on n'avoit pas envoyé la derniere procedure qui avoit été faite contre luy ; il n'étoit pas naturel qu'il la demandât, puisqu'elle contenoit une inquisition generale de toute sa vie ; cependant rassûré par les témoignages de sa conscience, il donna son Placet en forme de Requête.

Mais Ferrier, qu'aucun obstacle ne rebute, & fertile en mauvais incident pour empêcher que la verité ne paroisse, en fit un nouveau ; il donna sa Requête, & prétendit que l'apport de cette nouvelle procedure étoit inutile, parce qu'elle n'étoit faite qu'en consequence de l'Arrêt dont le Suppliant demandoit la cassation ; mais ses raisons furent encore une fois désapprouvées, & il fut décidé verbalement que Monseigneur le Chancelier en écriroit au Conseil de Colmar, ce qui fut exécuté.

Sur le vû de toute la procedure, il est donc intervenu Arrêt au Conseil d'Etat le 19. Mars 1731. en ces termes.

Oüy le Rapport, & tout consideré, le Roy en son Conseil , a ordonné & ordonne qu'il sera mis Néant sur la Requête du Sr. Gomé , inserée dans l'Arrêt du Conseil du 20. Mars 1730. & néanmoins vû les charges & procedures a évoqué & évoque à soy & à son Conseil, le Procés criminel dont est question , & a renvoyé & renvoye ledit Procés & les Parties au Parlement de Besançon , pour être fait droit , ainsi qu'il

appartiendra, toutes les Chambres affemblées, à l'effet dequoy Sa Majefté a ordonné & ordonne que les charges & informations, & toute les au:res pieces &
procedures apportées du Greffe du Confeil fupérieur d'Alface en celuy du Confeil,
en execution dudit Arrêt du 20. Mars 1730. feront envoy:es duait Greffe du Confeil en celuy du Parlement de Befançon, à ce faire le Greffier du:dit Confeil fera
contraint, quoy faifant, il en demeurera bien & valablement dechargé; & pourront les Commiffaires du Parlement de Befançon fe tranfporter hors leur Reffort, &
par tout où befoin fera, pour parachever l'inftruction dudit Procés.

Cet Arrêt ne caffe pas à la verité celuy de Colmar du 9. Juillet 1729. comme
le Suppliant le demandoit; mais il n'en réfulte pas moins une preuve certaine que
le Confeil d'Etat a été porté par de juftes confiderations à évoquer le Procés, afin
d'en ôter la connoiffance au Confeil de Colmar; & ces confiderations ne peuvent être
autres que l'injuftice & la paffion trop marquée contre le Suppliant; car fi on l'eût
trouvé convaincu d'aucun des faits graves que Ferrier luy a fuppofé, il eft conftant
que le Confeil d'Etat n'eût pas fait l'injure au Confeil de Colmar de la prérogative
de juger diffinitivement.

Les termes de l'Arrêt du Confeil d'Etat ne font pas moins remarquables; on ne
renvoye pas en cette Cour en exécution, ny fuivant les derniers erremens de l'Arrêt
de Colmar, mais on y renvoye le Procés pour être fait droit aux Parties ainfi qu'il
appartiendra; de forte que par cette prononciation, bien differente de toutes celles qui fe
trouvent dans les Arrêts du Confeil d'Etat rendus dans le cours de ce Procés, les
moyens des Parties leur font réfervés expreffément, & qu'on abandonne à la pru-
dence & à la fageffe de la Cour d'y ftatuer.

Le Suppliant a donc levé cet Arrêt du Confeil d'Etat, & c'eft fur la fignification
qu'il en a fait faire au Greffier le 29. May 1731. avec fommation d'y fatisfaire,
que les pieces ont été envoyées au Greffe du Parlement.

Le 6. Juin fuivant cet Arrêt a auffi été fignifié à Ferrier, qui s'eft rendu auffitôt
en cette Ville, afin de prévenir le Suppliant fur la Requête en rétention, pour furprendre les efprits par tout ce que la diffamation a de plus cruel & de plus deshonorant à un Magiftrat; l'experience n'eft que trop certaine que ces fortes de mauvais bruits, quoyque faux, cependant ménagés avec artifice, ne manquent jamais
d'approbateurs.

Mais le Suppliant, qui n'a rien à fe reprocher, eft perfuadé que les Juges aufquels la décifion de fon fort eft renvoyée, accoûtumés d'écoûter avec patience les
plaintes des Parties, attendent à examiner leurs raifons avec poids, & porter enfuite fur la verité un Jugement qui ne partira ny d'un zéle déreglé, ny d'un prejugé
fervile. C'eft avec cette confiance, & avec celle qu'infpire naturellement l'innocence,
que le Suppliant s'eft prefenté, & qu'il a prêté fon interrogatoire le 22. Janvier
dernier.

Ferrier a prefenté Requête dés le 3. Decembre précedent, conçûë dans fon ftile
ordinaire, il fuppofe au Suppliant des fauffetés, des prévarications, & même une
fubornation de Témoins, il préfupofe que tout eft juftifié, fans autre preuve qu'un
raifonnement de faits étudiés & faux dans des parties effentielles, pour tâcher d'ap-
procher toutes fes impoftures de la verité.

„ Il conclut à ce que le Suppliant foit condamné de déclarer que méchamment,
» calomnieufement & à tort il l'a diffamé; que pour le perdre, le Suppliant s'eft
» livré aux prévarications & malverfations mentionnées au Procés, qu'il s'en repent
» & luy en demande pardon, ce qui fera exécuté en tel lieu & en telle forme qu'il
» plaira à la Cour de l'ordonner; condamner le Suppliant, & par corps, à luy payer
» la fomme de 60000. livres pour les reftitutions, dommages & interêts énoncés
» en fa Requête, lefquels Ferrier offre d'affirmer finceres & veritables, & aux dé-
» pens, auffi par corps, fans préjudice à luy de prendre de plus amples conclu-
» fions, fi le cas y échet; comme auffi de pourfuivre au furplus fes autres actions,
» circonftances & dépendances, contre qui, & ainfi qu'il appartiendra, fauf à être
» ftatué fur les conclufions de Mr. le Procureur General ce que de raifon.

Mais Ferrier a bien fenti qu'il manquoit une forme effentielle à fes conclufions; il fçait que pour prendre un Juge à Partie, il faut être autorifé par Arrêt; il fçait qu'il n'a jamais obtenu cette permiffion, & il s'eft imaginé qu'il falloit tenter de rectifier le vice de fa procedure.

Pour cet effet, deux jours après fa Requête dont on vient de parler, c'eft-à-dire le 5. du même mois de Decembre dernier, Ferrier en a prefenté une feconde, où après avoir dit que pour lever tous inconveniens & toute équivocité fur l'état de la procedure & des qualités des Parties en ce procés, il conclut.

,, A ce qu'acte luy foit donné de ce que où befoin feroit, & conformément à ,, l'article 5. du titre 3. de l'Ordonnance de 1670. non feulement il fe rend Partie ,, plaignante, mais encore fe porte formellement Partie civile dans ledit Procés cri- ,, minel contre le Suppliant, & en confequence luy ajuger les fins & conclufions ,, par luy prifes dans fa Requête du 3. du même mois.

C'eft reconnoître par de femblables conclufions, que pour prendre un Juge à Partie, il y faut être autorifé par Arrêt; en effet, l'ufage eft conftant & déterminé par les Arrêts, & fuivi par toutes les Cours du Royaume, que pour l'honneur de la Magiftrature, un Juge, même fubalterne, ne peut être pris a Partie, qu'il n'y ait expreffément un Arrêt qui le permette; le cinquiéme tome du Journal des Audiences en rapporte les raifons & les décifions, liv. 9. chap. 6. & liv. 15. chap. 7. femblable Arrêt eft encore rapporté dans Henrys, liv 1. chap. 2. à la fuite de la queftion 7.

Il faut donc une Requête pour être autorifé à prendre un Juge à Partie, on ne trouvera pas que Ferrier en ait donné aucune au Confeil de Colmar, & c'eft cependant fa prife à Partie, qui fait le fondement de toute fa procedure: on luy en a fait reconnoître le vice, & il veut le rectifier, mais inutilement & trop tard; parce que ce qui eft nul dans fon principe ne peut point fe réparer, fuivant l'axiome de droit; *quòd ab initio vitiofum eft tractu temporis convalefcere non poteft*, & furtout en matiere criminelle.

Ferrier applique mal l'article 5. du titre 3. de l'Ordonnance de 1670. Cet article permet bien aux Plaignans de fe porter formellement Partie civile en tout état de caufe; mais l'Ordonnance ne confirme point par-là la nullité & le vice radical de la procedure; d'ailleurs cet article ne s'entend que des plaintes & des procedures ordinaires, & non pas lorfqu'il s'agit de prendre un Juge à Partie; le défaut d'autorifation de Ferrier eft donc une fin de non recevoir, que le Suppliant peut, & eft en droit de propofer & de l'objecter perpetuellement, fans efperance de rectification de la part de Ferrier.

Du depuis Ferrier a encore donné deux Requêtes, l'une du 28. Janvier, & l'autre du 26. du mois d'Avril dernier; dans la premiere il fait des fuppofitions groffieres, & des faux raifonnemens fur quelques réponfes de l'interrogatoire du Suppliant, cette Requête contient auffi une production d'un Arrêt rendu au Confeil de Colmar de 1696. entre le Suppliant & le Sr. Jacquinet, fur des conteftations mûës entre eux pour raifon de l'exercice des Offices de Greffier en Chef du Confeil de Colmar, dont ils étoient chacun pourvû d'un.

Ferrier n'a fignifié cette Requête que le 9. du mois d'Avril, & le même jour il a encore fait fignifier des pieces, pour juftifier qu'il avoit acquis un Office de Confeiller au Confeil de Colmar, & il a joint l'Arrêt qui a mis néant quant à prefent fur fa Requête afin d'être reçu, comme auffi une lettre de feu Mr. de Corberon Pere, du 13. Mars 1720. alors Premier Préfident, & une Sentence du 26. Octobre 1718. de la Juftice du Comte de Fouffemagny, entre ledit Sr. Comte & Ferrier Pere, au nom duquel Ferrier Fils a défendu; & enfin l'Arrêt de la Cour du 26. Janvier dernier, qui a mis néant pour le prefent, fur la Requête en élargiffement du Suppliant.

La derniere Requête de Ferrier qui eft du 26. Avril dernier, ne tend à autres fins qu'à employer de nouveau fa premiere Requête du 3. Decembre précedent, où il a conclu à fins de réparations & de dommages interêts contre le Suppliant; Ferrier a joint à la fignification de cet Arrêt les extraits mortuaires de quinze Témoins, dont

dont pas un n'a, été entendu dans aucune information, à la réferve de trois; fçavoir, Sabine Echman, Henry Chauffour & Jean-François Joner, mais ils font morts fans avoir été recolés; il a de plus joint au même cahier l'extrait mortuaire de Laurent Dubillaud; Ferrier fe renferme fur toutes ces pieces à la fimple fignification, fans aucune induction; de forte que le Suppliant ne fçauroit prévoir l'application que Ferrier en veut faire, ny quelle confequence il en veut tirer. Le 28. du mois d'Avril dernier il a fait fignifier un inventaire de productions de toutes ces pieces, & quelques autres de procedures.

Le Suppliant fe voit obligé de faire ces obfervations, afin d'éviter autant qu'il eft poffible la furprife de Ferrier, qui n'eft venu au point où font les chofes que par de femblables moyens; & il fournit une nouvelle preuve écrite de la furprife dans fa Requête du 28. Janvier dernier; dans laquelle après avoir dit vers le commencement, *que la brieveté du tems* (fa Requête eft cependant decretée du 28. Janvier) *ne permet pas de refuter en general toutes les fuppofitions des réponfes du Suppliant.* Et quelques lignes plus bas, il parle d'un Memoire qu'il dit avoir donné au Confeil d'Etat, lors de fon Arrêt qui a faifi la Cour; *qu'il ne peut quant à préfent que joindre le même Memoire qu'il y a produit, & qui contient un état raifonné fur la qualité & fur la nature de ces mêmes preuves.*

Le Suppliant ne fçait ce que c'eft que ce Memoire, il ne l'a jamais vû, & il ne luy a point été fignifié; ainfi il efpere que la Cour n'admettra pas une pareille piece, qui tend à furprendre fa Religion & la Partie; telle eft la procedure par laquelle le Suppliant, d'Accufateur fe trouve dans l'état d'Accufé; mais foit que l'on confidere la procedure que l'on a fait à Colmar, ou l'Arrêt rendu au même Confeil le 9. Juillet 1729. pour le conftituer dans une fi cruelle fituation, l'on voit une paffion marquée, & les régles les plus certaines, & toutes les Loix également violées.

Jamais l'on a vû des difpofitions plus extraordinaires ny plus marquées que celles portées par cet Arrêt de Colmar. *On ne s'arrête pas quant à préfent aux Requêtes du Suppliant, & ayant aucunement egard, quant à préfent, à celles de Ferrier, on le renvoye abfous des cas à luy impofés, & on condamne le Suppliant aux dépens du Procés.* De forte qu'on ne deboute pas purement & fimplement le Suppliant de fes Requêtes, qui tendoient, à ce que pour les cas réfultans du procés, Ferrier fût condamné en une réparation authentique, & en fes dommages & interêts; on ne le deboute que quant à préfent, c'eft-à-dire, que dans un autre tems l'on pourra y faire droit, & cependant l'on abfout provifoirement Ferrier des cas à luy impofés, & on fe réferve le droit de le punir définitivement; c'eft précifément ce qui réfulte de la premiere difpofition de cet Arrêt, qui renferme encore une autre injuftice; car outre qu'il n'y avoit pas lieu d'abfoudre Ferrier provifoirement, encore moins de condamner le Suppliant aux dépens du Procés, parce que l'infulte mentionnée dans fon Procés verbal en irreverence, étoit conftante & juftifiée par les Témoins de l'information faite fur fon contenu en 1723. à la Requête de Mr. le Procureur General de Colmar.

L'on fait plus, par la difpofition fuivante, Mr. le Procureur General de Colmar s'affocie à Ferrier, auquel on donne acte de fa plainte; *& l'on ordonne qu'à la Requête du Procureur General, pourfuite & diligence de Ferrier, il fera informé de tous les faits qu'il a répandus dans fes actes, interrogatoires, Requêtes, Libelles & Memoires.* Par-là on accorde à Ferrier plus qu'il ne demandoit par fa Requête du 7. May 1729. il s'y étoit reftraint aux faits contenus dans fa prétenduë cédule évocatoire & prife à Partie. Voilà donc Ferrier tout d'un coup, & fans aucune autorifation précedente, admis à faire une inquifition generale de toute la vie du Suppliant; dans les régles on auroit au moins dû furfeoir à faire droit fur les Requêtes des Parties, & une pareille inftruction n'auroit dû être faite qu'à la Requête de Mr. le Procureur General feul; mais il n'avoit garde de s'y expofer. Auffi a-t'il renfermé pendant cinq années fon reffentiment particulier, & il a vû tranquillement le Supliant faire fes fonctions après les Arrêts du Parlement de Metz; c'étoit pourtant là le tems d'exercer fon miniftere, s'il eût crû le Suppliant coupable d'aucun des

E

faits graves pour lefquels il a attendu de s'affocier avec Ferrier. Enfin, rien de plus vif & de plus marqué que l'information ordonnée par l'Arrêt de Colmar; aucuns faits n'y font retenus, ils font épars dans un grand nombre d'écrits; l'on a crû qu'il falloit une forme auffi irreguliere, afin que chaque Témoin eût la liberté de donner à fon imagination tout l'effort dont elle pouvoit être fufceptible, & dire au gré de fa prévention, tout ce qu'il fçavoit le plus imparfaitement, tout ce qu'il avoit entendu dire aux perfonnes les moins inftruites, & aux plus cruels ennemis du Suppliant.

La derniere difpofition de l'Arrêt de Colmar couronne toutes les autres; elle ordonne, *que les Témoins oüis dans l'Enquête des faits juftificatifs feront répetés, & pourront être entendus fur les autres faits aufquels Ferrier étoit admis.* On convertit donc en information contre le Suppliant, une Enquête de faits juftificatifs, qui ne devoit, felon les régles, fervir qu'à la décharge ou à la conviction de Ferrier accufé, on a même rebuté les moyens les plus legitimes que le Suppliant propofoit, on l'a débouté des moyens de nullités & de reproches qu'il avoit propofé par fa Requête, on a porté les chofes encore plus loin; on a decreté fur cette même Enquête pretenduë juftificative le Suppliant, qui eft un ancien Confeiller, d'ajournement perfonnel, c'eft-à-dire que fans qu'il y ait contre luy la moindre preuve; car c'eft pour la commencer, qu'on a ordonné que les Témoins oüis dans cette Enquête feront répetés; on le decrete provifoirement, & on l'interdit de fes fonctions. On ne croit pas qu'il foit au monde une fituation plus malheureufe ny plus déplorable pour un Juge, qui n'a jamais eu d'autre interêt que celuy de remplir fes fonctions dans une Commiffion dont le Confeil de Colmar l'avoit honoré.

Le Suppliant fe trouve néanmoins dans l'humiliante neceffité de rendre compte de fa conduite fur des faits qui ont été jugés calomnieux & récriminatoires par Arrêt du Confeil d'Etat du 25. Avril 1722. Arrêt qui a été rendu en grande connoiffance de caufe, & fur l'expofé des mêmes faits que Ferrier repand dans Befançon, cet Arrêt n'a jamais reçu d'atteinte & fubfifte encore; le Confeil d'Alface a porté le même Jugement par Arrêt du 27. Août fuivant, & par autre Arrêt du 17. Mars 1723. il a condamné Ferrier Fils, qui s'étoit fauvé, par contumace, à une réparation authentique, & Ferrier Pere contradictoirement à une réparation moins forte, & lorfque Ferrier revient pour purger fa contumace, il trouve des fecours efficaces, & on l'admet à ces mêmes faits récriminatoires qu'on venoit de profcrire.

Avant d'en faire voir toute l'injuftice, le Suppliant croit, pour l'honneur de la Magiftrature, devoir rappeller la circonftance que Ferrier n'eft point autorifé par aucun Arrêt de prendre le Suppliant à Partie; c'eft un moyen de droit qui réclame perpetuellement en fa faveur, & dont il ne peut être privé, quelqu'Arrêt qui puiffe être intervenu; le Suppliant a étably ce moyen dans les deux Requêtes qu'il a donné à Colmar les 5. & 7. Juillet 1729. il a auffi juftifié le défaut de qualité de Ferrier, fa récrimination, & plufieurs autres moyens, aufquels le Suppliant efpere que la Cour donnera fon attention, d'autant que ces Requêtes, aux termes même de l'Arrêt de Colmar du 9. Juillet 1729. fubfiftent, que l'Arrêt du Confeil d'Etat qui a faifi la Cour, renvoye le procés pour être fait droit aux Parties, ainfi qu'il appartiendra.

Le Suppliant croit encore devoir conftater en peu de mots la verité de la rédaction de fon Procés verbal en irreverence des 27. & 28. Fevrier 1721. On connoîtra par cette preuve combien Ferrier en impofe par fa Requête, afin de furprendre les efprits par un fait artificieux; en difant que le Suppliant n'a dreffé & prefenté fon Procés verbal en irreverence que le 24. Mars 1721. c'eft-à-dire onze jours aprés que luy Ferrier eût dépofé chés Mr. le Procureur General de Colmar fon acte qualifié évocatoire & de prife à Partie.

La preuve de la rédaction de ce Procés verbal, fuivant fes dates, fe trouve dans la clôture de l'Enquête faite à la Requête de Ferrier Pere, où le Suppliant a fait mention au bas de l'infulte qui venoit de luy être faite par Ferrier Fils dans les fonctions de fa Commiffion.

Ce dire obligeoit indifpenfablement le Suppliant de dreffer fon Procés verbal, afin d'être en état de se justifier, & d'expliquer les insultes qui l'avoient empêché de continuer cette même Enquête, & il informa aussitôt Mr. de Klinglin, Président de la Chambre, de ce qui s'étoit passé, & luy marqua qu'il en avoit dressé sur le champ son Procès verbal, ce que le Suppliant est en état de justifier.

Une autre preuve très-constante que le Procès verbal du Suppliant a été dressé suivant ses dates, se trouve par la déposition des Srs. Noblat & Lanier, Commis Greffiers, 23. & 25. Témoins de l'information faite en 1723. à la Requête de Mr. le Procureur General de Colmar, sur le contenu de ce même Procès verbal.

Et comme Ferrier eut le front d'exposer dans la Requête qu'il donna le 7. May 1729. au Conseil de Colmar, le même fait qu'il fait à la Cour, que le Suppliant n'avoit dressé son Procès verbal d'irreverence que le 24. Mars 1721. & par récrimination à l'acte évocatoire que luy Ferrier avoit déposé chés Mr. le Procureur General de Colmar le 13. du même mois.

Le Suppliant, pour ne point laisser de doute sur cette imposture, attesta par sa Requête qu'il donna à Colmar le 5. Juillet 1729. non seulement la probité de Mr. d'Elvert, Rapporteur de Semaine au 4. Mars 1721. tems auquel le Suppliant présenta & laissa son Procès verbal à la Chambre, mais encore la foy de ceux qui pour lors se trouverent Juges.

Mr d'Elvert, sur cette interpellation, déclara aux Chambres assemblées, qu'il étoit vray que le Suppliant avoit presenté, & laissé sur le Bureau au 4. Mars 1721. son Procès verbal en irreverence, & pas un des Juges ne l'a contredit; c'est un fait que le Suppliant justifieroit, comme aussi que Ferrier en est convenu à Colmar aux Juges même.

Toutes ces preuves constatent donc la rédaction du Procès verbal en irreverence du Suppliant, suivant sa date, & qu'il l'a presenté le 4. Mars 1721. ces preuves sont en même tems une conviction bien certaine que l'exposé de Ferrier ne roule que sur un faux principe de fait. Le Suppliant va de suite démontrer que tous les faits deshonorant que Ferrier luy a supposé ne sont qu'impostures, dont il n'y a pas la moindre prenve.

Comme tout dépend de la déposition des Témoins entendus par le Suppliant, & de ce qu'ils ont ensuite déposé, tant dans l'Enquête justificative de Ferrier, que dans la répetition par information; le Suppliant aura l'honneur de faire quelques observations.

L'Enquête du Comte de Reinach reçûë par le Suppliant depuis le 3. jusqu'au 10. Octobre 1720. est de 52. Témoins.

La contre Enquête de Ferrier Pere, aussi reçûë par le Suppliant les 27. & 28. Fevrier 1721. & lors de laquelle il a été insulté par Ferrier Fils, est de 14. Témoins.

Les Témoins de ces deux Enquêtes reçûës par le Suppliant sont donc au nombre de 66. mais il faut les réduire à 62. parce qu'il y en a quatre de l'Enquête de Ferrier Pere qui avoient déja déposés en celle du Comte de Reinach.

Et l'Enquête du premier Octobre 1723. faite sur les faits qualifiés justificatifs, ausquels Ferrier Fils a été admis par Arrêt de Colmar du 22. Septembre 1723. est de 74. témoins.

Lorsque Ferrier fut admis à ses faits justificatifs, il nomma 85. témoins, ce nombre devoit principalement contenir tous ceux qui avoient déposé devant le Suppliant, parce qu'il n'y avoit que ceux-là qui fussent en état de déposer sur les faits de fausseté & de prévarication que Ferrier imputoit au Suppliant dans les deux Enquêtes par luy reçû.

Cependant Ferrier a omis de nommer onze témoins de l'Enquête du Comte de Reinach, sçavoir, les 17. 20. 32. 37. 38. 39. 40. 43. 45. 48. & 52. & du nombre de ceux qu'il a nommé, il y en a encore onze qu'il n'a pas fait entendre dans son Enquête justificative, sçavoir, les 10. 11. 19. 27. 33. 34. 36. 42. 44. & 46. aussi de l'Enquête du Comte de Reinach, & le 2. de celle de Ferrier Pere. De sorte que voilà 22. témoins qui avoient déposé devant le Suppliant que Ferrier Fils n'a pas jugé à propos de faire entendre dans son Enquête justificative. Il avoit aussi nommé quelques autres témoins nouveaux, qu'il n'a pareillement point fait entendre, & il a res-

sraint son Enquête juftificative, au lieu de 85. témoins qu'il avoit nommé, au nombre de 74. ainsi qu'on l'a déja obfervé.

On ne voit pas pourquoy Ferrier n'a pas fait entendre dans fon Enquête
juftificative ces 22. témoins dout on vient de parler, fi ce n'eft parce qu'il ne les
a pas pû féduire pour dépofer contre le Suppliant, & parce que la preuve des faits
pofés par le Comte de Reinach fe trouve complette par la dépofition de ces mêmes
témoins.

En effet il eft prouvé en termes précis par les 20. 32. 36. 37. 39. 44. & 52.
témoins de l'Enquête du Comte de Reinach, que Ferrier Pere avoit été Valet de
Chambre du Sr. de St. Juft. Le 20. qui eft le Sr. de la Bafiniere, vivant, Gentilhomme demeurant en Alface, dépofe même avoir vû Ferrier Pere au fervice du Sr.
de St. Juft au Siege de Grave, dont led. Sr. de St. Juft étoit Lieutenant de Roy;
Ferrier Pere étoit bien jeune alors, car depuis 1674. que Grave fut affiegé & pris,
il y a jufqu'à prefent 59. ans, & lorfque Ferrier Pere mourut il y a fix mois, il
pouvoit être âgé d'environ 72. ans, de forte qu'à retrograder au Siege de Grave,
il pouvoit être âgé d'environ 13. ans; on laiffe à penfer quelles pouvoient être
alors fes fonctions chés le Sr. de St. Juft, dont le plus grand revenu confiftoit dans
fa Lieutenance de Roy.

Ce même témoin dit encore avoir vû Ferrier Pere au fervice du Sr. de St. Juft à
Belfort, battre fes habits, & les vergeter, couvrir la table & mettre la nappe.

Le fait que Ferrier Pere a eu la Cantine, tant au Château qu'à la Ville de Belfort,
eft prouvé par les 11. 17. 19. 34. 37. & 52. de l'Enquête du Comte de Reinach.
Le 34. qui eft une Fille, en peut parler plus pertinemment qu'aucun autre, parce
que dans ce même tems elle étoit Servante chés Ferrier Pere, auffi dit-elle qu'elle
tiroit le vin pour donner à boire aux Soldats de la Garnifon, & que led. Ferrier
Pere tenoit Auberge au Château, où les Officiers y prenoient leurs repas.

A l'égard de la Dame Ferrier, qui avoit époufé en premieres Nôces le nommé
Dubillot, qu'il eft conftant avoir été Operateur, fçavoir fi elle a monté avec luy fur
le Theatre. Le fait eft juftifié diftinctement par les 17. 42. 44. 48. & 52. témoins
de l'Enquête du Comte de Reinach; tous les autres témoins du nombre de ces 22.
que Ferrier n'a pas fait entendre, difent, fans nommer la Dame Ferrier, avoir vû
fur le Theatre une belle & grande Femme que l'on difoit être celle dud. Dubillot.

C'eft la preuve qui réfulte de la dépofition de ces 22. témoins, qui a empêché
Ferrier de les faire entendre dans fon Enquête juftificative; mais l'on ne doit pas
moins regarder ces 22. témoins, comme s'ils y avoient dépofé pour la juftification
du Suppliant fur les faits de fauffeté & de prévarication que Ferrier luy a fuppofé;
autrement ce feroit pour ainfi dire le réputer coupable de ces faits, fur la fimple &
témeraire accufation de Ferrier, & fur le choix de quelques faux témoins, comme
le Suppliant le démontrera par la difcution qu'il en fera.

Mais auparavant le Suppliant croit devoir repeter encore une fois, que l'Enquête
des faits juftificatifs fur laquelle il a été decreté, n'eft compofée que de 74. témoins,
dont il n'y en a que 40. choifis par Ferrier dans les 66. entendus par le Suppliant,
& les 34. autres pour faire ce nombre de 74. font des témoins nouveaux, qui ne
pouvoient & ne peuvent par confequent point dépofer fur les faits de fauffeté &
de prévarication que Ferrier luy a fuppofé.

Une circonftance que la Cour eft fuppliée de ne point perdre de vûë, c'eft le tems
qui s'eft écoulé depuis le 3. Octobre 1720. & 27. & 28. Fevrier 1721. que le
Suppliant a reçû les deux Enquêtes du Comte de Reinach & de Ferrier Pere, jufqu'au
1. Octobre 1723. qu'on a procedé à l'Enquête prétendue juftificative. Mais comment
y a-t'on procedé ? on ne relit pas aux témoins les dépofitions qu'ils ont faites &
fignées trois années auparavant; on leur demande fimplement ce qu'ils ont dépofé
devant le Suppliant, & on les engage de dire non-feulement tout ce qui leur a
été fuggeré par Ferrier, mais on exige encore qu'ils difent la maniere dont ils peuvent
avoir été interrogés, & fur cette prétendue maniere on leur permet d'y donner une
explication fuivant leur imagination, & qui plus eft, de porter leur Jugement dans
l'intérieur

l'intérieur même du Suppliant. A l'égard des témoins qu'on appelle nouveaux, on y a admis jufqu'au Procureur Queffemme, qui a été Partie dans le procès, & contre lequel il eft prononcé par l'Arrêt de Colmar du 17. Mars 1723. fon beau-pere, fes beaux-freres, & fa belle-fœur ; on n'oublie même pas l'Avocat & Confeil de Ferrier; enfin on y voit pour la plûpart que gens dévoüés pour rapporter contre le Suppliant des difcours les plus indifferens, des oüis-dire fans pouvoir nommer de qui, ny même en fixer le tems; n'importe, on reçoit tout, & on a foin de le rédiger avec art; on ne dit rien qui ne fe prefente à l'infpection de cette piece; à la vûe de pareils prin-cipes & de tant d'artifices, il n'eft point de Juge, quelqu'irréprochable que foit fa conduite, qui puiffe fe promettre de ne point voir fa réputation en proye à la dif-famation d'une témeraire Partie.

C'eft cependant fur cette Enquête qu'on a rendu à Colmar l'Arrêt du 9. Juillet 1729. par lequel on a decreté le Suppliant d'ajournement perfonel, & qu'on a or-donné que les témoins oüis dans cette même Enquête feroient repetés : En confe-quence de cet Arrêt on a procedé, comme on a obfervé, à cette répétition fervant d'information ; mais au lieu de faire entendre les 74. témoins, dont l'Enquête pré-tenduë juftificative étoit compofée, on n'en a choifi que 50. comme faifant fans doute le plus de charge contre le Suppliant, & l'on a en même tems procedé à une nouvelle information de 30. autres témoins, contenant une recherche de toute la vie du Suppliant ; cette procedure qu'on avoit laiffée imparfaite a été parachevée par recolement & confrontation par la Cour depuis le 22. Janvier dernier que le Sup-pliant s'y eft prefenté ; ce n'eft donc que fur cette procedure qu'on peut exiger qu'il rende compte de fa conduite ; le Suppliant ne craint pas de s'y foûmettre, fans pré-judice néanmoins de fes moyens de droit qui naiffent de l'expofé du fait, & qu'il a auffi établi par les deux Requêtes qu'il a donné à Colmar les 5. & 7. Juillet 1729. aufquelles il fe rapporte.

Le Suppliant commencera par la difcution des 50. témoins oüis dans la repetition par information ; & pour y donner tout l'ordre fuivant la qualité des faits, il ob-fervera qu'il n'y a dans ces 50. témoins que 25. du nombre de ceux qui ont dépofé devant lui dans les deux Enquêtes qu'il a reçû en 1720. & 1721. lefquelles font nean-moins compofées de 66. témoins.

Le Suppliant commencera donc la difcution par ces 25. témoins, parce que s'a-giffant de fauffeté & de prévarication que Ferrier lui a fuppofé dans la confection de ces deux Enquêtes, il n'y a que ceux qui ont dépofé qui peuvent en parler.

Pour juger avec certitude fur ces faits de fauffeté & de prévarication. Il importe de rapporter l'Arrêt en vertu duquel le Suppliant a enquêté; il convient auffi d'ob-ferver que les Ferrier par leurs Requêtes fur lefquelles eft intervenu cet Arrêt, n'ont pofés aucuns faits ; & par la Requête que Ferrier Pere prefenta enfuite, & fur la-quelle a été rendu Arrêt le 22. Janvier 1721. il a fimplement demandé à faire la preuve du contraire fans y articuler aucuns faits ; ainfi le Suppliant ne pouvoit fui-vre que ceux retenus dans l'Arrêt du 11. Septembre precedent.

Difpofitif de l'Arrêt du Confeil Superieur de Colmar, du 11. Septembre 1720.

» LE Connfeil avant faire droit fur les Requêtes, après qu'il a été pofé & mis en
» fait par Mathieu pour le Comte de Reinach de Fouffemagny fa Partie, que
» Ferrier Pere a été valet de Chambre du Sr. de St. Juft ; qu'il a été Cantinier au
» Château de Belfort, où il tenoit Auberge & verfoit à boire à tous Venans ; que fa
» femme a été Charlatane, qu'elle a monté publiquement fur le Theatre, & que dans
» les farces elle joüoit le rôle de Colombine, luy a permis de faire preuve de ces
» faits dans le mois pardevant Mr. Gomé, pour l'Enquête faite & rapportée être
ordonné ce qu'il appartiendra.

F

Examen des Témoins suivant les observations cy-dessus.

Marie-Ursule Mouillesseaux.

„ Ette femme est le quinzième témoin en ordre dans l'Enquête du Comte de „ Reinach reçu par le Suppliant en 1720. où elle dépose avoir connu le Sieur „ Ferrier chez le Sieur de Saint Just en qualité de domestique dudit Sieur ; qu'elle „ ne peut dire si c'est en qualité de Valet de Chambre ou de Maître d'Hôtel ; qu'elle n'a „ aucune souvenance si le Sieur Ferrier a eu la Cantine, ou non, mais qu'elle l'a ouy „ dire, qu'il tenoit Auberge & donnoit à manger aux Officiers de la Garnison, & „ donnoit à boire aux Soldats ; qu'elle se souvenoit parfaitement d'avoir vû monter „ sur le Theatre à la Place publique le Sieur Dubillot en qualité de Charlatan ou d'O-„ perateur ; qu'elle sçait que Dubillot l'aîné épousa ensuite la Dame Ferrier, & qu'elle „ ne peut dire si elle a monté sur le Theatre aprés son mariage dans quelqu'autres Villes de la Province, non plus quel nom on luy donnoit dans les farces qui se presentoient.

Dans l'Enquête justificative & dans la répetition par information, où elle est le deuxième ; elle dit avoir été ouy en l'Enquête du mois d'Octobre 1720. que le Suppliant luy fit faire lecture de l'Arrêt du 11. Septembre précedent qui luy a été representé ; & qu'elle répondit sur les faits y contenus, *qu'elle étoit fort jeune lorsque le Sieur de Saint Just vint à Belfort, & qu'elle avoit toûjours ouy dire que le Sieur Ferrier Pere avoit été Maître d'Hôtel & non Valet de Chambre, duquel fait elle ne pouvoit déposer que d'ouy dire, parce qu'elle étoit trop jeune pour l'avoir vû elle-même ; & qu'à l'égard de la Dame Ferrier, elle avoit dit qu'elle n'étoit point encore mariée avec Dubillot lorsqu'il jouoit à Belfort ; & qu'à l'égard de la Cantine, elle croit avoir remarqué que le Suppliant avoit inséré quelques termes au-delà de sa déposition, parce qu'elle se souvient distinctement qu'elle ne fût point interrogée pour sçavoir si le Sieur Ferrier avoit eu la Cantine, s'il avoit tenu Auberge & versé à boire à tous venans, & qu'elle ne sçait point avoir répondu & déposé sur lesdits faits concernans la Cantine, n'en ayant point été interrogé.*

Cette déposition prouve bien les plaintes] du Suppliant, de ce que lors de l'Enquête justificative, on n'a pas lû aux Témoins la déposition qu'ils avoient fait trois ans auparavant devant luy, & cette déposition prouve en même-tems que ce témoin étoit suborné par Ferrier.

D'abord l'on voit que ces deux dépositions ne different de l'une à l'autre que sur la maniere de rédiger ; mais on voit aussi qu'il y a dans cette seconde déposition une contradiction qui emporte fausseté, en ce qu'aprés être convenu que le Suppliant luy a fait faire lecture de l'Arrêt préparatoire ; elle a le front de dire qu'elle se souvient distinctement de n'avoir pas été interrogé sur le fait de la Cantine ; ce qui est absolument impossible, puisque l'Arrêt en fait expressément mention ; d'ailleurs, dans sa premiere déposition faite devant le Suppliant, elle dit qu'elle n'a aucune souvenance si Ferrier Pere a eu la Cantine, ou non, ce qui suffit pour justifier le Suppliant.

Et ce qui acheve de convaincre cette femme de fausseté, c'est de ce qu'elle croit avoir remarqué que le Suppliant a inséré quelques termes au-delà de sa déposition ; cependant cette femme ne peut pas dire quels sont ces termes.

Elizabeth Chardoillet morte & confrontée litteralement.

„ Cette femme est reprochable, parce qu'elle est parente au quatrième degré aux „ enfans de la premiere femme du Sieur Ferrier Pere ; le frere de ce témoin nom-„ mé Pierre Chardoillet, & qui a déposé en treizième ordre dans la même Enquête „ de Ferrier Pere en 1721. en fournit la preuve ; mais indépendamment de ce repro-„ che, le Suppliant discutera à toutes fins sa déposition. „

„ Ce témoin est le sixième en ordre en l'Enquête de Ferrier Pere reçu par le Sup-„ pliant en 1721. où elle dépose qu'elle a connu le Sieur Ferrier en qualité de do-„ mestique de Mr. de Saint Just, qu'il faisoit les fonctions de Maître d'Hôtel, qu'il „ avoit la Cantine des Soldats, mais qu'on ne donnoit pas à boire chez luy ; qu'elle „ a connu le Sieur Dubillot Operateur, qu'il a monté sur le Theatre publiquement,

,, que fon frere nommé Carolin s'empoifonnoit fur le Theatre; qu'elle n'a point vû
,, fur le Theatre de femme, & que ladite Dame Dubillot n'étoit point mariée avec
,, ledit Dubillot dans ce tems-là, & qu'elle eft venüe à Belfort lorfque fon mary étoit
,, Chirurgien Major des Cadets, qui eft tout ce qu'elle a dit fçavoir. ,,

Dans la répétition par information, où elle eft le feptiéme, elle dit, *que lorfqu'elle
comparut en* 1721. *pour dépofer devant le Suppliant, il luy donna lecture des faits
portés en l'Arrêt du* 11. *Septembre précedent, qu'elle avoit dit que Ferrier Pere étoit
Maître d'Hôtel,* & fans dire ce qu'elle a dépofé fur le fait de la Cantine, *elle dit qu'à
l'égard de la Dame Ferrier, elle avoit dépofé qu'elle n'avoit jamais monté fur le Theatre à Belfort, & qu'elle n'étoit point mariée lorfque Dubillot y joüoit.*

En confrontant ce dire avec ce qu'elle a effectivement dépofé devant le Suppliant,
on y voit fon exactitude, & qu'il n'y a de la difference que dans les termes; cependant ce témoin dit qu'il luy fit peine de ce que le Suppliant au lieu de faire rédiger
fimplement que Ferrier pere étoit Maître d'Hôtel, il avoit fait écrire que Ferrier étoit
domeftique du Sieur de Saint Juft, faifant les fonctions de Maître d'Hôtel, comme fi tout
Maître d'Hôtel n'étoit pas domeftique.

Cette femme ajoûte qu'elle avoit dit au Suppliant que c'étoit le nommé Ferrant qui
étoit Valet de Chambre du Sieur de Saint Juft lorfqu'il vint à Belfort, & qu'il ne la
fit pas mettre en écrit.

1°. Elle n'a pas requis le Suppliant de faire écrire cette circonftance, auffi ne dit-
elle pas qu'elle l'eut fait. 2°. Il étoit inutile que le Suppliant chargea la dépofition
de ce fait, foit parce que les Arrêts interlocutoires n'en difoient rien, & que les Ferrier n'avoient pofé aucun fait, foit parce que difant que Ferrier pere étoit Maître
d'Hôtel, c'étoit dire qu'il n'étoit pas Valet de Chambre.

Cependant elle prend de là prétexte de dire qu'elle n'a pas été la feule qui eut lieu
de fe plaindre du Suppliant, que la nommée Elizabeth Giboutet s'en étoit plainte pareillement en fa prefence parlant à Ferrier fils.

Il eft trés remarquable, que lorfque des témoins parlent de plaintes, cette Giboutet eft
toûjours nommée; mais l'on voit auffi que fes plaintes n'ont été formées que lors de
l'Enquête de Ferrier pere, où Ferrier fils infulta le Suppliant, & l'on ne verra pas qu'elle
fe foit plainte lors de fa premiere dépofition faite en 1720. dans l'Enquête du Comte
de Reinach ; ce qui fait bien connoître que c'étoit une femme apoftée par Ferrier, de-
même que celle qu'on difcute.

*Ce témoin eft le huitiéme de la répétition par information ; il dit fuccinctement que
lorfqu'il a dépofé au mois de Fevrier* 1721. *où il eft le* 14. *& dernier, que le Suppliant l'interrogea fur les mêmes faits portés par l'Arrêt du* 11. *Septembre précédent, & qu'il ne s'eft point apperçû que le Suppliant eut tâché de faire fupprimer
ou de changer aucune circonftance de fa dépofition.*

Jean-Pierre Clavey.

*Ce témoin eft le neuviéme de la répétition par information, dépofe de-même que
le précedent à la juftification du Suppliant, qu'ayant comparu au jardin de Maître
Noblat au mois d'Octobre* 1720. *devant le Suppliant pour dépofer en l'Enquête du
Comte de Reinach, qu'il luy donna lecture de l'Arrêt du* 11. *Septembre précedent,
qui luy a été reprefenté qu'il ne s'eft point apperçû qu'il ait changé aucune circonftance dans fa dépofition.*

*Ce témoin ajoûte, que la manière dont le Suppliant l'a interrogé luy a fait ju-
ger qu'il étoit plus porté pour le Sieur de Reinach que pour Ferrier :* ce dire n'eft
qu'une pûre imagination du témoin; auffi ne circonftantie-t'il pas la prétenduë ma-
niére d'interroger, & il fuffit qu'il convienne que fa dépofition ait été rédigée comme il le fouhaitoit.

Jean-François Donzé mort & confronté litterale- ment.

Ce témoin qui eft un Menuifier, a dépofé deux fois devant le Suppliant dans
l'Enquête du Comte de Reinach, où il eft le vingt-cinquiéme, & en celle de Ferrier
pere, où il eft le dixiéme dans celle du Comte de Reinach, il a dit ,, qu'il a connu

Jacques Guille- min.

„ le Sieur Ferrier pere , lorſque luy qui dépoſe , étoit domeſtique de Mr. de Saint Juſt
„ Gouverneur de Belfort , que ledit Sieur Ferrier faiſoit pour lors les fonctions de
„ Maître d'Hôtel , qu'il n'a pas vû ledit Sieur Ferrier avoir la Cantine des Soldats ,
„ ny en la Ville ny au Château , qu'il a connu pareillement le Sieur Dubillot à
„ Belfort , qui montoit ſur le Theatre , luy & ſon frere , que le frere ſe nommoit
„ Carolin , qui prenoit du poiſon ſur le Theatre pour faire valoir ſon Orvietan , ny
„ ſe ſouvient point d'avoir vû la Dame Dubillot , Ferrier , aujourd'huy ſur le Theatre ,
„ ny quel nom on luy donnoit , qn'eſt tout ce qu'il a dit ſçavoir.

„ Dans celle de Ferrier pere , il dit avoir déja dépoſé dans l'Enquête du Comte
„ de Reinach , & qu'il n'a rien à ajoûter à ſa premiere dépoſition , ſi non que le-
„ dit Sieur Ferrier [n'a jamais fait autres fonctions à Belfort que celle de Maître
„ d'Hôtel au Service de Mr. de Saint Juſt. „ Voilà donc un témoin qui a dépoſé deux
fois devant le Suppliant , & ſes deux dépoſitions ſont conformes , & tout à l'avantage
de Ferrier ; cependant on en uſe avec ce témoin comme à l'égard des autres , c'eſt-
à-dire , que pour l'entendre contre le Suppliant , on ne luy relit aucune de ſes deux
premieres dépoſitions ; celle qu'il a fait dans l'Enquête juſtificative & dans la répetition , prouvent cependant la néceſſité qu'il y avoit de les luy relire.

*Dans la repetition par information où il eſt le dixiéme , il dépoſe qu'il a été
oüy dans les deux Enquêtes faites par le Suppliant , qui luy fit faire lecture de l'Arrêt
du 11. Septembre 1720. & qu'en l'interrogeant , le Suppliant luy demanda pluſieurs
fois , luy frappant ſur l'épaule , s'il n'avoit point vû le Sieur Ferrier pere porter
l'Eguillette ſur l'épaule ; à quoy il répondit , que non , qu'il l'avoit toûjours vû Maître d'Hôtel chez le Sieur de Saint Juſt pendant le tems que le Dépoſant étoit au ſervice du Sieur de Saint Juſt ; & comme le Sieur Gomé réitera encore ce même interrogat dans le cours de ſa dépoſition ; cela luy fit ſoupçonner que le Suppliant auroit
déſiré qu'il eut dit que oüy ; & que ſur le fait concernant la femme du Sieur Ferrier pere , le Dépoſant avoit répondu qu'il avoit connu Dubillot & toute ſa Troupe ,
parce qu'il avoit en ſa profeſſion de Menuiſier dreſſé le Theatre , lorſque ledit Dubillot vint à Belfort , & que dans ladite Troupe , il n'y avoit point vû de femme ;
que Dubillot n'étoit point marié pour lors , toutes leſquelles circonſtances il dit dans ſa
dépoſition ; mais qu'il ne croit pas que le Suppliant les ait toutes inſérées.*

Le doute par où finit ce témoin , ſi le Suppliant a fait inſerer toutes les
circonſtances qu'il rapporte , fait connoître la néceſſité qu'il y avoit de luy relire
les dépoſitions qu'il avoit faites devant luy ; & ce qui en prouve encore
cette néceſſité , c'eſt que ce témoin ne dit pas dans cette dépoſition , qu'il eût
dépoſé devant le Suppliant ſur le fait de la Cantine ; cependant ſon dire ſur ce
fait y eſt expreſſément retenu. A l'égard des autres faits , il en parle dans cette
dépoſition , ſinon en mêmes termes , du moins dans la même ſignification que
celle qui réſulte de ce qu'il en a dit devant le Suppliant.

Cependant ce témoin prend delà occaſion de dire , qu'il a ſoupçonné que le
Suppliant auroit déſiré qu'il eût dit , que Ferrier avoit porté l'Eguillette ; ce n'eſt
donc qu'un ſoupçon de la part de ce témoin ; mais l'on ne penſe pas qu'un pareil
ſoupçon , qui n'eſt qu'une ſimple production de l'imagination , puiſſe jamais faire
impreſſion , ny la moindre preuve , ſurtout le ſoupçon d'un Artiſan , tel que ce
témoin , contre un Commiſſaire. D'ailleurs il ne tire ce ſoupçon , que de ce que
le Suppliant luy a demandé deux fois , ſi Ferrier n'avoit pas porté l'aiguillette ,
comme ſi un Commiſſaire pouvoit être ſoupçonné de prévarication , pour avoir eu
l'exactitude de demander plus d'une fois à un témoin ce qu'il ſçait ſur un fait ; & quand
il ſeroit vray que le Suppliant luy auroit fait cet interrogat , il convenoit au fait.

Antoine Degey. „ Ce témoin eſt le vingt-huitiéme de l'Enquête du Comte de Reinach reçû par le
„ Suppliant ; il dépoſe qu'il n'a pas vû le Sieur Ferrier au ſervice du Sieur de Saint
„ Juſt ; mais qu'il a oüy dire par ſa défunte femme , qu'il avoit été Maître d'Hôtel
„ du ſit Sieur ; qu'il ne peut ſe ſouvenir ſi ledit Sieur Ferrier a eu la Cantine des
„ Soldats , ou non , ne s'en étant point informé ; qu'il a vû le Sieur Dubillot Ope-
„ rateur & ſon frere , qui montoient ſur le Theatre en la Place publique ; que le plus
jeune

,, jeune des freres s'empoifonnoit pour faire valoir leur Orvietan ; qu'il ne fe fouvient
,, pas non plus d'avoir vû la Dame Dubillot fur le Theatre , ny quel nom on luy don-
,, noit dans les farces qui fe joüoient.

Pour convaincre de fubornation & de faux ce témoin qui eft Sergent de Ville à Belfort ; il n'y a qu'à combiner ce qu'il dit avoir dépofé avec ce qu'il a en effet dépofé devant le Suppliant.

*Dans fa dépofition de la répetition par information, où il eft le onziéme , il dit que
lorfqu'il comparut pour dépofer en l'Enquête du mois d'Octobre 1720. il ne fe fouvient
pas fi le Suppliant luy a fait faire lecture de quelque Arrêt* (on fera voir que lors de
la confrontation fur l'interpellation qui luy en a été faite , qu'il eft convenu du contraire affirmativement) *mais qu'il fe fouvient bien avoir été interrogé fur les mêmes
faits portés en celuy du 11. Septembre précedent, qui luy a été reprefenté ; qu'il répondit n'avoir pas vû le Sieur Ferrier pere au fervice du Sieur de Saint Juft ; mais
avoir oüy dire à fa femme qu'il avoit été Maître d'Hôtel dudit Sieur de Saint Juft ;
qu'il ne pouvoit pas fe fouvenir s'il avoit eu la Cantine , ou non ;* c'eft précifement ce
qu'il a dépofé devant le Suppliant en 1720.

*Dans fa répetition par information , il prétend avoir dit au Suppliant , qu'il avoit
vû joüer les nommés Dubillot à Belfort , mais qu'ils étoient encore garçons, c'eft-à-dire,
point mariés , & qu'il avoit infifté à ce que cette derniere circonftance fut exprimée , la
regardant comme effentielle.*

,, Dans fa dépofition faite devant le Suppliant, il eft retenu qu'il ne fe fouvient pas
,, d'avoir vû la Dame Dubillot fur le Theatre. ,,

Or il eft aifé de voir que cette derniere maniere de s'exprimer , retenuë par le Suppliant , étoit tout conforme à l'Arrêt , & en rempliffoit mieux toute l'étenduë que non
pas ce que ce témoin a dit dans la répetition par information.

En effet , dire fimplement que Dubillot étoit Garçon lorfqu'il joüoit à Belfort ,
c'étoit dire qu'on n'avoit pas vû fa Femme joüer à Belfort , mais ce n'étoit point
dire qu'on ne l'avoit pas vû autre part ; au lieu qu'en difant qu'il ne l'avoit jamais
vû fur le Theatre , c'étoit dire qu'il ne l'y avoit vû nulle part.

C'eft cependant fur cette feule difference que ce Témoin dit , *s'être apperçû que le
Suppliant étoit plus porté pour le Comte de Reinach que pour Ferrier Pere ,* & pour
donner plus de force à fon foupçon , il ajoûte , *que le Suppliant pour luy défigner
la Dame Ferrier , il l'appelloit groffe Truye ;* c'eft un fait fuppofé à refpect ; car il
eft feul qui ait fait parler de la forte le Suppliant.

Ce Témoin ajoûte , *qu'il a oüi plufieurs Témoins de cette même Enquête qui fe
font plaints les uns aux autres , & fe plaignoient même hautement de la conduite
du Suppliant.*

Mais ce qui prouve que ce dire eft une impofture , c'eft qu'il n'a pas pû nommer
aucun de ces Témoins qu'il a fuppofé s'être plaints ; & ce qui acheve de convaincre ce Témoin de faux , c'eft de ce qu'il a dit au commencement de fa dépofition,
qu'il ne fe fouvenoit pas que le Suppliant luy eût fait lire aucun Arrêt.

,, Lorfqu'il a été interpellé à la confrontation, s'il n'étoit pas vray que le Sup-
,, pliant luy avoit fait faire lecture de l'Arrêt du 11. Septembre 1720.

Ce Témoin a répondu , *qu'effectivement lecture luy avoit été faite par le Greffier
Lanier, mais qu'il ne l'entendit prefque pas , parce que* (ajoûte-t'il) *ledit Lanier
luy en fit lecture d'une maniere à n'en pouvoir comprendre le fens.*

Il a cependant affirmé en 1723. & en 1729. qu'on ne luy avoit pas fait faire lecture d'aucun Arrêt , & feulement en 1732. il avoüe que lecture luy en a été faite ;
quelle foy peut-on après cela donner au dire d'un pareil Témoin ; la difcution de
celuy qui va fuivre déterminera , fans qu'il refte aucun doute fur le Jugement qu'on
doit porter des Témoins entendus contre le Suppliant.

Ce Témoin a dépofé dans les deux Enquêtes reçûës par le Suppliant en 1720. &   Jean-Claude
1721. où il eft le 3. en celle du Comte de Reinach , & le 8. en celle de Ferrier   Cuenin.
Pere.

G

„ Dans celle du Comte de Reinach il dépose, qu'il a vû le Sr. Ferrier Pere chés
„ le Sr. de St. Juft en qualité de Maître d'Hôtel, qu'il ne ſçait pas non plus s'il a
„ été Cantinier, qu'il a oüi dire ſeulement que le Sr. Dubillot, de ſon vivant pre-
„ mier Mary de la Dame Ferrier d'aujourd'huy, avoit monté ſur le Theatre, con-
„ jointement avec ſon Frere, lequel faiſoit les fonctions d'Arlequin, lequel Frere,
„ à ce qu'on dit, étoit celuy qui s'empoiſonnoit pour faire valoir ſon Orvietan, &
„ qu'à l'égard de la Dame Ferrier, pareillement, à ce qu'il a oüi dire, n'a point monté
„ ſur le Theatre, qu'eſt tout ce qu'il a dit ſçavoir.

Le Suppliant rapportera auſſi dans ſon entier la dépoſition que ce Témoin a encore fait devant luy au mois de Fevrier 1721. à la Requête de Ferrier Pere ; & on
verra par ces deux dépoſitions l'exactitude du Suppliant, qui convaincra enſuite ce
Témoin de la plus inſigne fauſſeté, dont le plus malheureux de tous les hommes
puiſſe être capable.

„ Ce Témoin dépose donc pour une ſeconde fois devant le Suppliant, qu'il a
„ connu parfaitement ledit Feerier pendant qu'il étoit au ſervice de Mr. de St. Juft,
„ en qualité de Maître d'Hôtel, & qu'il étoit le tout en ſa maiſon, & que c'eſt
„ mondit Sr. de St. Juft qui l'a marié en premiere nôces avec la Fille du Sr. Charles
„ Villin, Fermier de Mr. le Duc de Mazarin, & Maître Bourgeois à Belfort, qu'il
„ n'a point vû ledit Sr. Ferrier avoir la Cantine des Soldats, parce que luy qui dépose,
„ n'a pas toûjours demeuré à Belfort, mais bien qu'il a été Fermier de Mr. le
„ Duc, conjointement avec d'autres Particuliers, qu'il a encore été Commiſſaire des
„ Vivres depuis ſa ſortie de chés Mr. de St. Juft, qu'il a connu Dubillot Opera-
„ teur & ſon Frere, qui eſt preſentement Chirurgien Major de l'Hôpital ; que la
„ Dame Dubillot, à preſent Ferrier, n'a pas paru ſur le Theatre à Belfort ; & qu'il
„ ne ſçait point ſi elle a paru ailleurs, & qu'elle n'étoit pas même mariée, lorſ-
„ que ledit Dubillot joüoit ſur le Theatre audit Belfort ; que ledit Dubillot & ſa
„ Troupe logeoit chés la Belle-Mere du Dépoſant, nommée Partoy ; & que dans
„ ladite Troupe il y avoit un Joüeur de violon, qui ſe nommoit Colin, Tailleur de
„ ſon métier, qui s'habilloit en Femme ſur le Theatre, au ſurplus il s'en rapporte à
„ la dépoſition qu'il a fait dans la premiere Enquête qui a été faite à la Requête
„ du Sr. Comte de Fouſſemagny ; qui eſt tout ce qu'il a dit ſçavoir.

On voit que ces deux dépoſitions reçûes par le Suppliant ſont toutes à l'avantage
de Ferrier ; mais en même tems elles prouvent auſſi l'exactitude du Suppliant, Commiſſaire ; cependant ce Témoin a le front de l'accuſer ſur ces deux dépoſitions de
partialité & de prévarication ; c'eſt pour en démontrer l'impoſture & la fauſſeté,
que le Suppliant les a rapporté, & qu'il eſt obligé d'entrer dans une longue diſcution ſur les dépoſitions que ce Témoin a fait du depuis contre le Suppliant.

Le Suppliant, avant d'entrer en diſcution, obſervera qu'il a reproché ce Témoin.
1°. Parce qu'immédiatement aprés cette ſeconde dépoſition, c'eſt-à-dire en 1721. il
a donné ſa plainte, & a obtenu Arrêt qui luy a permis de faire informer, tant contre ce Témoin que contre ſon Gendre nommé Morandon, ſur ce qu'ils avoient recordé
& excité les Témoins de ſe plaindre contre le Suppliant lors de l'Enquête de 1721.
à l'occaſion de laquelle Ferrier Fils l'a inſulté. Cet Arrêt eſt joint au Procés ; il
eſt vray qu'il n'a pas eu de ſuite, par rapport aux differentes involutions qui ſont
ſurvenuës dans ce même procés, & qui ont obligé le Suppliant de ſe rendre à Paris ;
mais ſa plainte & l'Arrêt rendu n'en ſubſiſtent pas moins, car il ne s'en eſt jamais
déſiſté. 2°. Le Suppliant a reproché ce Témoin, parce qu'il eſt parent au degré
de l'Ordonnance, de la Fille de la nommée Elizabeth Giboutet, qui a épouſé un nommé Dubillot, Neveu de la Dame Ferrier du chef de ſon premier Mary ; le Témoin
eſt convenu du fait, mais a dit que Dubillot n'avoit épouſé ſa parente que depuis
huit ans ; le Suppliant rapporte un extrait en forme du Regiſtre de mariage qui
prouve que la Fille d'Elizabeth Giboutet a été mariée avec Dubillot le 25. Novembre 1723.

Ce reproche mérite toute l'attention de la Cour ; c'eſt cette Elizabeth Giboutet, qui
eſt rentrée dans l'Auditoire avec Ferrier en 1721. & on ne voit par tout que cette

Femme qui s'eſt plainte, & Marie-Urſule Courtot, & ce ſont leurs Gendre & parens qui rapportent ces plaintes; de ſorte que ce n'eſt proprement qu'une ſeule & même Famille, qui eſt le ſoûtien de toutes les impoſtures que Ferrier a répandu contre le Suppliant; l'on paſſe preſentement à la diſcution de ce Témoin, dont la fauſſeté eſt écrite.

Il a d'abord dépoſé en 1723. dans l'Enquête des faits juſtificatifs, où il eſt le 22. il y déclare, *qu'il a cru reconnoître quelque partialité, parce que*, dit-il, *le Suppliant l'interrogeoit s'il n'avoit point vû Ferrier Pere porter la livrée; s'il ne l'avoit point vû la ſerviette ſur le bras verſant à boire dans la Cantine du Château; & s'il n'avoit point vû la belle Colombine ſur le Theatre.*

Que peut-il y avoir eu de reprehenſible dans ces interrogats? l'Arrêt interlocutoire du 11. Septembre 1720. avoit admis le Comte de Reinach à prouver, „ Que Ferrier Pere avoit été Valet de Chambre du Sr. de St. Juſt; qu'il avoit été Cantinier dans „ le Château de Belfort, où il tenoit & verſoit à boire à tout Venant; que ſa Fem„ me avoit été Charlatane; qu'elle avoit monté publiquement ſur le Theatre; & que „ dans les Farces elle joüoit le rôle de Colombine.

Quelle diſparité y a-t'il entre les termes de cet Arrêt, & la maniere dont ce Témoin dit que le Suppliant l'a interrogé?

L'Arrêt porte que Ferrier Pere a été Valet de Chambre; le Suppliant doit avoir demandé au Témoin, s'il n'avoit pas vû Ferrier porter la livrée.

Une preuve que cet interrogat étoit le même que le fait de l'Arrêt, c'eſt que le Témoin a répondu que Ferrier étoit Maître d'Hôtel, ce que le Suppliant a fait rédiger par écrit.

L'Arrêt admet à la preuve du fait, que Ferrier pere a eu la Cantine, a tenu Auberge, & a verſé à boire à tout venant.

Le Suppliant doit avoir demandé au Témoin s'il ne l'avoit point vû la ſerviette ſur le bras, verſant à boire dans la Cantine du Château; quelle contrarieté y a-t'il entre cet interrogat & le diſpoſitif de l'Arrêt?

L'Arrêt ordonnoit la preuve du fait que la Femme de Ferrier (Mere de l'Avocat) avoit été Charlatanne, avoit monté ſur le Theatre, & joüoit le rôle de Colombine.

Le Suppliant Commiſſaire doit avoir demandé au témoin, s'il n'avoit pas vû la belle Colombine ſur le Theatre.

Pouvoit-il employer d'autres termes que ceux-là, qui ſont les mêmes que ceux de l'Arrêt, dont le témoin déclare avoir eu lecture.

Le ſecond endroit par où ce témoin prétend accuſer le Suppliant de partialité, c'eſt en diſant, que ſur les réponſes qu'il faiſoit aux interrogats dont on vient de parler, le Suppliant doit luy avoir dit, qu'il ne vouloit pas dire ce qu'on luy demandoit, mais que d'autres le diroient; dans ce diſcours il n'y a rien qui marque de la partialité, ny qui ait trait à gêner la liberté du témoin, puiſque rien ne peut être plus indifferent que cette interpellation, en ſuppoſant même qu'elle ait été ainſi faite par le Commiſſaire.

Ce témoin déclare encore avoir dit au Suppliant, que c'étoit le nommé Ferrant qui étoit valet de Chambre du Sieur de Saint Juſt, mais que le Suppliant ne fit point rédiger cette circonſtance.

L'exactitude avec laquelle les dépoſitions de ce témoin ſont rédigées, prouvent qu'il n'eſt pas veritable qu'il ait parlé de ce fait, & quand il en auroit parlé, le Suppliant n'étoit pas obligé de l'inſerer, parce que comme l'on a déja obſervé, les Arrêts de preuve n'en portoient pas le fait; il étoit d'ailleurs très-inutile dés le moment que la dépoſition porte que Ferrier étoit Maître d'Hôtel.

Ce témoin dit de plus que le Sieur Morandon ſon gendre luy dit un jour vers le tems de la premiere Enquête, ne peut dire ſi c'étoit avant ou immédiatement aprés ladite Enquête, que le Suppliant avoit dit audit Morandon & à d'autres perſonnes, que Ferrier fils ne ſeroit jamais reçû en la Charge de Conſeiller au Conſeil qu'il venoit d'acheter.

1°. Il ne détermine pas le tems du discours qu'il suppose que son gendre luy a rapporté. 2°. Quand il seroit vray que le Suppliant auroit dit à son gendre que Ferrier ne seroit pas reçû Conseiller, *quid inde*, tous les Juges & toute la Ville de Colmar a tenu le même langage après que les faits sur son extraction furent devenus publics.

Enfin ce témoin finit sa déposition dans l'Enquête justificative à dire, que plusieurs témoins qui ont déposé dans les deux Enquêtes, luy ont dit qu'ils s'étoient bien aperçûs que le Suppliant n'étoit pas bien intentionné pour les Ferrier.

1°. Il ne circonstacie pas le tems ny le lieu. 2°. Il ne nomme pas les personnes qu'il suppose luy avoir tenu de pareils discours, il n'a même eu garde de les nommer, parce qu'il se seroit trouvé que c'étoient les nommées Elizabeth Giboutet & Marie-Ursule Courtot ses parentes, qui étoient de même que luy du complot médité de Ferrier, lorsqu'il insulta le Suppliant lors de l'Enquête de 1721.

Mais pour être persuadé à n'en pas douter, que ce témoin est suborné, & qu'il est complice de Ferrier sur les diffamations dont il a accablé le Suppliant, il n'y a qu'à voir l'ajoûté que ce témoin a fait à sa déposition en 1729. lorsqu'il a été entendu dans la répétition par information, où il est le treiziéme, & dont l'ajoûté est :

Que lorsqu'il a déposé en l'Enquête du mois d'Octobre 1720. le Suppliant insera quelques termes en sa déposition, qu'il ne luy avoit point dit, & dont il ne se souvient point ; termes qui portoient coup contre ledit Ferrier, que le Déposant les ayant remarqué, ayant pris luy-même lecture de sa déposition, il ne voulut la signer sans qu'au prealable ces termes ne soient rayés de sa déposition, & que pour parvenir à cette rature, le Suppliant & luy en vinrent à de gros mots ; que même sur le refus du Suppliant, le Déposant étoit prêt de sortir de l'Auditoire sans signer sa déposition ; que sur le refus du Suppliant, le Greffier jetta sa plume & haussa les épaules ; qu'un moment après cette rature se fit, & le Déposant signa sa déposition ; qu'au sortir de l'Auditoire, le Déposant fit rencontre de Ferrier fils & Quessemme, lesquels il avertit de tout ce qui s'étoit passé à son occasion dans l'Auditoire, & qu'ils devoient prendre garde, attendu que le Suppliant n'étoit point porté pour eux.

Voilà un ajoûté qui prouve la corruption totale de ce Témoin ; & pour le convaincre de sa fausseté par l'endroit le plus sensible, le Suppliant s'en est rapporté lors de la confrontation aux deux dépositions que ce Témoin a faite devant luy en 1720. & 1721. il s'y rapporte encore, & la Cour est suppliée d'y donner toute son attention, elle verra que non-seulement dans la déposition de ce Témoin de 1720. où il suppose au Suppliant ce fait énorme de prévarication ; mais que même dans sa déposition de 1721. il n'y a pas la moindre rature, ny ajoûté, & qu'elles sont l'une & l'autre redigées d'une netteté parfaite.

C'est pourtant ce Témoin convaincu de faux qui a excité ses parens & d'autres à faire des plaintes artificieuses contre le Suppliant ; c'est par son canal inique que Ferrier a eu l'assûrance de poser tant de faits déshonorans, dont malgré son émissaire il n'y a cependant pas la moindre preuve ; si ce malheureux Témoin subissoit les peines que toutes les Loix & les Ordonnances prononcent contre luy, il dévoileroit le mistere d'iniquité, il avoûeroit sans doute, que ce qu'il en a fait n'a été qu'à la persuasion de Ferrier, & peut-être même désigneroit-il des personnes que le Suppliant ménage encore par honneur.

Marie - Anne Donzé.

Ce Témoin qui est une Femme est le 29. de l'Enquête de 1720. le Suppliant pour sa justification rapportera sa déposition figurée telle qu'elle est dans l'original.
,, Dépose, qu'elle a connu le Sr. Ferrier chés Mr. de St. Just, Gouverneur de
,, Belfort, en qualité de Domestique, ne peut nous dire si c'est en qualité *de Laquais*,
,, Valet de chambre, ny de Maître d'Hôtel ; qu'elle ne sçait pas non plus s'il a eu la
,, Cantine des Soldats, ny s'il a tenu Auberge, ne pouvant s'en souvenir ; qu'elle
,, a connu le Sr. Dubillot Operateur, qu'elle ne l'a pas vû sur le Theatre, mais
,, qu'elle a oüi dire que luy & la Dame son Epouse ont monté sur le Theatre à
,, la Place publique à Montbeillard, & qu'elle ne sçait pas quel nom elle prenoit *Dans*
,, sur ledit Theatre en joüant ses rôles.

Rature approuvée, signé, Gomé, Lanier, Dufaut, avec paraphe.

Dans la répétition par information où elle est le 15. elle dit, que le Suppliant
luy fit faire lecture des faits portés par l'Arrêt du onze Septembre 1720. qui luy
été représenté, & qu'elle luy repondit qu'elle avoit lieu de connoître le Sieur
Ferrier Pere, lorsqu'il étoit chés le Sr. de St. Juſt, le Pere de la Depoſante,
Boulanger de ſa profeſſion, ayant fourni le pain à la maiſon du Sieur de St. Juſt,
qu'elle avoit toûjours connu ledit Ferrier en qualité de Maître d'Hôtel, qu'elle n'avoit
point oüi dire qu'il eût la Cantine, & qu'à l'egard de la Dame Dubillot, elle
n'avoit point montée ſur le Theatre en cette Ville.

Ces deux manieres de dépoſer, quant aux faits, paroiſſent du premier coup d'œil
très-conforme l'une & l'autre, ſi l'on en excepte la circonſtance de Montbeliard ;
mais par la diſcution qu'on en fera, on connoîtra que cette Femme lors de ſa derniere dépoſition a été recordée, & qu'il y a même de la fauſſeté.

La fauſſeté conſiſte dans le premier fait, en ce que cette femme ayant dépoſé
devant le Suppliant, qu'elle avoit connu le Sr. Ferrier chés le Sr. de St. Juſt,
mais qu'elle ne pouvoit pas dire en quelle qualité, ſi c'étoit en celle de Valet de
Chambre, ou de Maître d'Hôtel; cette Femme affirme néanmoins dans la répetition par information, comme ſi elle avoit dit au Suppliant qu'elle avoit connu poſitivement le Sr. Ferrier en qualité de Maître d'Hôtel ; ce fait eſt viſiblement faux,
& il eſt même d'une impoſſibilité abſoluë qu'elle eût jamais pû dépoſer affirmativement ſur ce fait; car ſuivant les preuves qui réſultent des piéces du procés, il eſt
conſtant que Ferrier Pere s'eſt marié en 1674. & qu'il ſortit pour lors du ſervice
du Sr. de St. Juſt.

Lorſque cette Femme dépoſa en 1720. devant le Suppliant, elle déclara n'être agée
que d'environ 20. ans. Or en remontant depuis 1720. juſqu'en 1674. on voit que
cette Femme ne pouvoit pour lors être agée que d'environ 3. ans? Pouvoit-elle
à cette age faire la difference entre un Valet de Chambre, ou un Maître d'Hôtel?
perſonne ne préſumera tant de diſcernement dans la Fille d'un Boulanger, agée
d'environ 3. ans. Il eſt donc vray de dire, qu'il eſt d'une impoſſibilité abſoluë, que
ce témoin ait jamais pû dépoſer affirmativement ſur ce fait; ce qui juſtifie la
rédaction que le Suppliant a fait de ſa dépoſition, & en même tems la fauſſeté de
celle qu'elle a faite en 1729. dans la répetition par information.

La preuve que cette Femme a été recordée, ſe tire de ſes dépoſitions ſur le fait
de la Dame Ferrier.

„ Elle a dépoſé devant le Suppliant, qu'elle avoit connuë Dubillot Operateur,
„ qu'elle ne l'a pas vû ſur le Theatre, mais qu'elle a oüi dire, que luy & la Dame
„ ſon Epouſe y ont monté à Montbeillard.

Dans la répétition par information elle a dépoſée, qu'elle avoit dit au Suppliant,
que la Dame Ferrier n'avoit pas montée ſur le Theatre à Belfort ; ce qui revient
à ce que le Suppliant a fait rédiger. Mais cette Femme a adroitement omiſe dans
cette dépoſition la circonſtance de Montbeillard, ſans cependant oſer dire qu'elle
ne l'avoit point dépoſée devant le Suppliant; & pour colorer cette ſuppreſſion, elle
dit ſimplement que la Dame Ferrier n'avoit pas montée ſur le Theatre à Belfort ;
peut-on aprés cela ajouter quelque foy à la plainte qu'elle fait dans cette dépoſition, où
elle ſuppoſe, *Que contre ſon gré, le Suppliant avoit inſeré dans ſa dépoſition, qu'elle*
ne ſçavoit pas, ſi Ferrier Pere avoit été Laquais, Valet de chambre ou Maître-
d'Hôtel.

Mais une preuve du contraire & que le Suppliant ne cherchoit pas à la ſurpren-
dre, c'eſt que 1°. Le Suppliant en luy liſant la dépoſition, a lû ces termes de Laquais
& de Valet de chambre, termes qu'il auroit omis de lire, s'il avoit eu quelque
mauvais deſſein.

2°. C'eſt que le Suppliant a effectivemennt fait raturer ce terme de Laquais,
la rature eſt approuvée par le témoin, ce qui prouve qu'il eſt ſupoſé, qu'elle ait
demandée la rature des termes de Valet de chambre; au ſurplus elle prétend ſoupçonner le Suppliant de partialité, ſous prétexte qu'il luy auroit dit qu'elle devoit
avoir vû Ferrier Laquais, & ſa Femme Charlatane, & que ſi elle ne le diſoit

H

point, d'autres le diroient. circonstances qui d'un côté sont fausses, & de l'autre ne feroient voir que l'exactitude d'un Commissaire, l'experience étant certaine qu'il est des gens, de qui on ne peut tirer la verité, qu'en les interrogeant en plusieurs manieres sur un même fait.

Claude Barret.

„ Ce Témoin est le 23. en l'Enquête de 1720. reçû par le Suppliant, où il
„ dépose qu'il ne sçait pas quelle fonction le Sr. Ferrier a fait chez Mr. de St. Just,
„ si c'est en qualité de Domestique, Valet de Chambre, ou autrement; non plus
„ s'il a eu la Cantine, ny ne peut nous dire autres faits portés par l'Arrêt touchant
„ le Sr. Dubillot, ny quel nom avoit sa Femme, à present Ferrier, qui est tout
„ ce qu'il a dit sçavoir.

Dans la répetition par information où il est le 16. il dit. Qu'ayant comparu pour déposer en l'Enquête du mois d'Octobre 1720. il ne se souvient pas, si le Suppliant luy fit faire lecture, ou non, de quelque Arrêt, mais qu'il se souvient qu'il l'interrogeat sur les mêmes faits portés par l'Arrêt du 11. Septembre precedent, qui luy a été representé.

Mais ce témoin, au lieu de continuer de rendre compte de ce qu'il avoit déposé devant le Suppliant, & ne pouvant pas dire qu'il l'eut fait rédiger autrement qu'il s'étoit expliqué : *il suppose que le Suppliant l'a interrogé, avant d'avoir prêté serment, il suppose, que sur ce qu'il a dit ne rien sçavoir des faits, que le Suppliant s'est emporté contre luy, & qu'il luy dit, qu'il seroit payé comm'il déposoit; sous ce prétexte, il prétend avoir eu lieu de remarquer, que le Suppliant auroit désiré luy faire dire chose qu'il ne sçavoit point.* Mais la déposition de ce témoin rédigée par le Suppliant, est une preuve litterale du contraire, & quand il seroit vray qu'il luy auroit fait des questions pour découvrir la verité, il n'y auroit rien de criminel ; & il suffit pour la justification d'un Commissaire, que la déposition du témoin soit exactement rédigée.

Mais ce qui prouve que tous les termes que ce témoin suppose au Supliant sont l'effet de la suggestion, c'est qu'il a ajoûté, *que lorsque le nommé Prevôt Maire de Bavillier a été entendu en 1723. (c'est l'Enquête justificative) il dit au Déposant que le Suppliant avoit rédigé sa déposition tout autrement qu'il n'avoit déposé.* C'est là une nouvelle supposition, car ce Claude Prevôt n'en a pas dit un mot dans la déposition qu'il a faite en 1723. où il est le 40. en ordre : le Suppliant a discuté cette déposition dans sa Requête du 5. Juillet 1729. & si on l'avoit fait entendre dans la répetition par information, il luy seroit également facile de faire voir que ce que ce nommé Prevôt a dit avoir déposé, se trouve rédigé mot pour mot par le Suppliant.

Une autre variation que ce témoin a fait sur sa déposition, même lors de la confrontation, fait connoitre combien peu l'on peut faire fond sur les discours qu'il raporte.

Dans la répetition par information il a dit, comme on le voit, que lorsqu'il comparut devant le Suppliant en 1720. il ne se souvenoit pas qu'il luy eût fait faire lecture de quelque Arrêt.

Lors de la confrontation, & sur l'interpellation qui luy fut faite de dire s'il n'étoit pas vray que le Suppliant luy eût fait faire lecture de l'Arrêt de preuve lorsqu'il comparut devant luy.

Ce témoin a répondu *qu'il croit qu'on lui fit lecture d'un certain papier, sans pouvoir dire si c'étoit l'Arrêt en question, lequel papier contenoit les faits sur lesquels on l'interrogeoit.*

Une réponse aussi dissimulée, prouve évidemment la corruption de ce témoin, il ne veut pas avoüer qu'on lui a lû un Arrêt, il se sert d'un détour, il dit que c'est un papier qui contenoit les faits sur lesquels on l'interrogeoit ; on ne pense pas qu'il faille de plus grande réflexion pour se persuader que cet homme n'a jamais parlé que par la bouche de Ferrier.

On voit encore la méchanceté de ce témoin dans la réponse qu'il a fait à une feconde interpellation, fçavoir fi on ne lui fit pas lecture de fa dépofition avant de la lui faire figner, & s'il ne déclara pas qu'elle contenoit verité, & qu'il y perfiftoit.

Il a répondu *qu'on ne lui relût pas fa dépofition, qu'il la figna fans en avoir demandé la lecture.* Cette réponfe eft claire, c'eft ainfi qu'il s'explique quand il s'agit de parler contre le Suppliant ; & quelque efpace de tems qu'il fe foit écoulé d'une dépofition à une autre (il a dépofé en 1723. & 1729.) chaque fois il ajoûte de nouveaux termes pour les imputer au Suppliant, & lorfqu'il s'agit de dire la verité en faveur du Suppliant, ce n'eft que détour & ambiguité ; un fi parfait dévoüement pour les intentions de Ferrier, a fans doute des motifs fecrets, Ferrier a tenu un de fes enfans fur les Fonds Baptifmaux, le témoin l'a déclaré dans la confrontation.

Cette Femme a dépofé en l'Enquête de 1721. où elle eft la 9. qu'elle a connu
" parfaitement le Sr. Ferrier au fervice de Mr. de St. Juft en qualité de Maître d'Hôtel   Marie-Elizabeth
" & Homme d'Affaires de fa maifon, qu'elle n'a jamais fçû qu'il ait eû la Cantine   Le Febvre, Femme
" des Soldats, que depuis l'action intentée au Confeil d'Alface, qu'elle a connu   de Cuénin.
" parfaitement le Sr. Dubillot Operateur avec fa Troupe, que led. Dubillot logeoit
" chés elle qui dépofe, qu'elle n'a pas remarqué aucune Femme avec ladite
" Troupe, qu'il fe peut faire que quelqu'un de fa Troupe fe foit travefti en Femme,
" que pour elle qui dépofe n'a jamais oüi dire par fa Troupe que led. Dubillot foit
" marié, qu'elle a connu led. Dubillot pour un parfait honnête homme, fort eftimé
" dans fa Profeffion, qu'il a été enfuite environ deux ans après, appellé pour être
" Chirurgien Major des Cadets à Belfort, dont Mr. de Monteferand étoit Gou-
" verneur, qu'eft tout ce qu'elle a dit fçavoir.

Dans la repetition par information où elle eft la 18. dépofe qu'elle a été oüïe en l'Enquête du mois de Fevrier 1721. que le Supliant lui fit donner pour-lors lecture de l'Arrêt du 11. Septembre 1720. lequel lui a été reprefenté, & que fur les faits inferés en iceluy elle repondit que le Sr. Ferrier Pere avoit été Maître d'Hôtel chés le Sr. de St. Juft, qu'elle ne fçavoit point s'il avoit eu pour lors la Cantine, ou non, que Dubillot elle a vû fur le Theatre n'étoit point marié lorfqu'il étoit en cette Ville, & que c'étoit le nommé Ferrant qui étoit Valet de Chambre chés le Sr. de St. Juft dans le tems que led. Ferrier Pere étoit chés luy, qu'elle a dit toutes ces circonftances dans fa dépofition, mais qu'elle ne fçait point fi elles ont été toutes rédigées par écrit, que quant à elle elle ne s'eft point apperçüe que le Sr. Gomé ait voulu alterer fa dépofition, mais qu'elle a oüi dire par quelques témoins qui avoient dépofé, entr'autres par la Veuve de Jacques Bellot, c'eft la nommée Giboutet, que le Sr. Gomé n'avoit point voulu mettre par écrit leur dépofition en entier, & que lefd. témoins s'en plaignoient dés-lors publiquement.

En combinant ces deux dépofitions, on voit que le Suppliant a fait rédiger celle qu'elle a faite devant luy, d'une maniere encore plus avantageufe aux Ferrier, qu'elle même ne l'explique dans cette répétition par information ; fon ignorance fi fa dépofition a été rédigée en entiere, fe détruit par la combinaifon de ces deux dépofitions, & cela fait voir la néceffité qu'il y avoit ; ainfi qu'il étoit des régles, de luy relire fa premiere pour la reconnoître ; mais ce qui acheve de juftifier le Suppliant, c'eft qu'elle ajoûte immédiatement après, qu'elle ne s'eft point apperçû, que le Suppliant ait voulu alterer fa dépofition, ce qui fuffit pour le difculper ; quand il feroit vray que cette Femme luy auroit parlé de la circonftance inutile de Ferrant, comme on l'a déja obfervé, puifque le témoin déclare fi nettement, qu'elle n'a point vû, que le Suppliant eût intention de rien alterer.

A l'égard des plaintes qu'elle a dit avoir oüye de quelques témoins, comme elle ne nomme qu'Elifabeth Giboutet, il eft à préfumer, que ce n'eft que de cette Femme qui eft fa parente & celle des Dubillot, dont elle ait entendu parler.

Ce témoin a ajoûté dans fa répétition de 1729. *qu'elle avoit oüy dire à bien des perfonnes, que le Supliant n'avoit pas une bonne renommée* ; mais cette Femme n'a circonftancié aucun fait, ny le tems de fon oüy dire, ny nommé les perfonnes ; fi elle l'avoit fait, elle auroit déclarée, que ce n'étoit que par la voye de Ferrier

& depuis le Procès ; au furplus le Suppliant a reproché cette Femme, de même que Jean-Claude Cuënin fon Mary, dont on a cy-devant difcuté la dépofition.

Jean-Claude Billot.

Ce témoin a dépofé dans l'Enquête de 1720. où il eft le feptiéme, il eft inutile de rapporter fa dépofition, parce que dans la répétition par information, où il eft le vingt-uniéme, il dépofe tout en faveur du Suppliant.
Il dit que le Suppliant luy a fait donner lecture de l'Arrêt du 11. Septembre 1720. qui luy a été reprefenté, & qu'il ne croit pas que le Suppliant ait fupprimé ou changé les circonftances de fa dépofition. La Cour a trouvé fur cette déclaration que la confrontation étoit inutile.

Sabine Echman.

Cette Femme a dépofée en l'Enquête de 1720. où elle eft le 12. on ne rapportera pas fa dépofition, parce que dans celle qu'elle a faite en la répétition par information, elle rend fimplement compte de ce qu'elle croyoit avoir dépofée en 1720. devant le Suppliant, & l'une & l'autre fe trouvent conformes.

Elifabeth Gibouter.

Voilà enfin cette fameufe qui a tant été nommée par les Témoins pour l'avoir entenduë fe plaindre, non pas lors de fa dépofition de 1720. mais feulement lors de celle de 1721. tems auquel elle rentra dans l'Auditoire avec Ferrier pour ajoûter une circonftance très-inutile, comme on le verra ; mais elle s'étoit livrée à Ferrier, qui ne méditoit que l'occafion d'infulter le Suppliant ; pour faire connoître le caractere de cette Femme, le Suppliant rapportera les deux dépofitions qu'elle a faite devant luy, figurées telles qu'elles font dans les originaux.

En l'Enquête de 1720. où cette Femme eft le huitiéme témoin ; elle a dépofé,
„ qu'elle fe fouvient parfaitement, lorfque Mr. de Saint Juft eft venu pour prendre
„ poffeffion de fon Gouvernement ; elle a vû ledit Sr. Ferrier qui étoit avec luy, &
„ qu'ils defcendirent chés la Dépofante ; qu'elle a vû les clefs des coffres de mondit
„ Sr. de Saint Juft entre les mains dudit Sieur Ferrier, lequel faifoit les fonctions
„ de Maître d'Hôtel ; qu'elle n'a aucune fouvenance d'avoir vû le Sr. Ferrier Cantinier ; qu'elle fe fouvient d'avoir vû Dubillot défunt monter fur le Théatre fur
„ la place de Belfort ; qu'elle a vû prendre du Poifon au jeune Dubillot, & qu'il
„ s'empoifonnoit pour faire valoir fon Orvietan ; qu'elle n'a point vû la Dame
„ Ferrier fur le Théatre, ny quel nom on luy donnoit dans les Farces qui fe
„ joüoient ; qu'elle croit que lefdits Dubillot & Compagnies, en fortant de Belfort,
„ furent joüer à Porentruy ou à Montbeliard, qu'eft tout ce qu'elle a dit fçavoir.
En l'Enquête de 1721. où cette Femme eft le cinquiéme témoin, elle a dépofé qu'elle
„ a déja dépofé dans la premiére Enquête, & qu'elle n'a rien à y ajoûter, finon que
„ lorfque Monfieur de Saint Juft eft venu à Belfort, prendre poffeffion de fon
„ Gouvernement, elle a vû le Sieur Ferrier avec luy, il demanda à ladite Dépo-
„ fante deux lits, un pour luy, & l'autre pour fon Maître d'Hôtel ; * & que led.
„ Maître d'Hôtel étoit fort refpecté & confideré par les Domeftiques de la fuite,
„ lefquels tenoient le chapeau bas quand ils luy parloient, & que ledit Sieur Ferrier
„ avoit les clefs des coffres de mondit Sieur de Saint Juft, * qu'eft tout ce qu'elle
„ a dit fçavoir.

* Qui étoit le Sr Ferrier, fignés, Elizabeth Gibouter, Gomé, Lanier.

* Et qu'elle n'a point vû la Dame Dubillot, à prefent fur le Theatre, & qu'elle n'étoit point mariée avec led. Dubillot, fignés, Elizabeth Ciboutet, Gomé, Lanier.

C'eft à l'inftigation de Ferrier, que cette Femme, après luy avoir rendu compte de ce qu'elle venoit de dépofer, eft rentrée dans l'Auditoire, pour faire l'ajoûté tranfcrit à la marge ; c'eft enfuite cette Femme, pour feconder les vûës de Ferrier, qui fe plaint, c'eft toûjours elle que les témoins nomment.

Il n'eft point étonnant que cette Femme fe foit ainfi livrée, elle fouhaittoit d'avoir pour Gendre le nommé Dubillot, Neveu de la Dame Ferrier, du chef de fon premier Mary ; on flatta fes efperances, on fçût l'y entretenir jufqu'en 1723. que Ferrier fut admis à fes faits récriminatoires, qu'on a qualifié de juftificatifs ; on exécuta pour lors les promeffes par lefquelles on l'avoit féduite ; on paffa le Contrat, & un mois après fes fouhaits furent accomplis : car Dubillot époufa fa Fille.

Le

Le Suppliant a reproché cette Femme lors de la confrontation, au sujet de cette alliance, le témoin en est convenu ; mais crainte de rendre sa déposition suspecte, elle n'a pas déclaré le tems ; le Suppliant pour la justifier a levé un Extrait du Registre de mariage, qui est en forme, où l'on verra que la fille de cette Femme s'est mariée avec Dubillot, Cousin germain de Ferrier, le 25. Novembre 1723.

Pour se convaincre que cette Femme a été séduite, que ses plaintes étoient mal fondées, & qu'elle a été secondée, il n'y a qu'à examiner ce qu'elle a dit dans l'information par repetition, où elle est la vingt-troisiéme en ordre, c'est la même chose que ce qu'elle a dit en 1723. dans l'Enquête justificative.

Elle dépose qu'elle ne se souvient point qu'il luy ait été fait lecture d'aucun Arrêt, lorsqu'elle a déposé dans les deux Enquêtes du mois d'Octobre 1720. & Fevrier 1721. que le Suppliant l'interrogeat cependant sur les faits portés par l'Arrêt du 11. Septembre precedent, qui luy a été representé ; qu'ayant repondu en l'une & l'autre de ses dépositions, que le Sieur de Saint Just arrivant à Belfort, pour y être Gouverneur, le Sieur Ferrier Pere qui étoit avec luy, logeat chés le Pere de la Déposante, & qu'il étoit Maître d'Hôtel dudit Sr. de Saint Just ; qu'elle n'avoit point vû, & ne s'étoit point apperçû que ledit Ferrier eût eu la Cantine de Belfort ; que sur ces deux Réponses le Suppliant luy disoit si elle ne l'avoit point vû avec l'aiguillette sur l'Epaule, ou bien une serviette sur le bras, versant à boire ; à quoy elle répondit, que bien eloigné, il étoit habillé comme un Officier, & étoit fort considéré par le Sieur de Saint Just ; Et sur le troisiéme fait concernant la Dame Ferrier, elle déposa dès la premiere Enquête, qu'elle avoit vû joüer les Dubillot de Belfort, mais qu'elle n'avoit point vû la Dame Ferrier avec eux, parce que ny l'un ny l'autre des Dubillot n'étoit marié alors, laquelle derniere circonstance le Suppliant ne fit point écrire ; & lors de la seconde déposition ayant dit les mêmes réponses, & ayant demandé qu'elles fussent écrites en leur entier, le Suppliant ne le voulut point faire écrire, que la Déposante n'avoit point vû la la Dame Ferrier sur le Theatre, & qu'elle n'estoit pas mariée, lorsque les Dubillot joüoient à Belfort, & sur ce que la Deposante insistoit à ce que cela fût écrit ; le Suppliant se mit en colere, & dit à la Deposante qu'elle étoit une vieille, auquel terme il en ajoûta encore d'autres plus rudes, & qu'elle ne sçavoit ce qu'elle disoit ; elle repliqua, toute étourdie d'un pareil traitement, que si on ne vouloit point écouter & écrire ce qu'elle disoit, il étoit inutil de la faire venir ; cependant elle se retira, & ayant rencontré Mc. Queffemme à l'entrée du Vestibule, prez de l'Escalier par lequel elle venoit de descendre de l'Etage d'enhaut, la Deposante luy fit ses plaintes, lesquels ayant apparemment été entendus du Suppliant, il ouvrit la porte de la chambre dans laquelle il estoit, demandant ce ce que c'estoit, Queffemme s'avança, luy dit le sujet des plaintes de la Deposante, & le suplia avec honnêteté de deferer à sa priere ; le Suppliant continua d'en faire difficulté, & ne s'y rendit qu'aprez plusieurs instances ; aprez quoy il fit rentrer la Deposante dans la Chambre, & fit ajoûter en marge la circonstance qui conce rnoit la Dame Ferrier, & la Deposante aprez avoir signé cet ajoûté se retirat ; que la plûpart des témoins se plaignoient de la partialité du Suppliant, & qu'il témoign it par la maniere dont il les interrogeoit, & dont il faisoit rediger leurs depositions ; qu'elle croit, autant qu'elle s'en souvient, que Mr. Ferrier fils estoit avec Queffemme, lorsqu'elle luy parlat, & qu'ils parlerent tous les deux ensemble au Suppliant ; telle étoit la déposition de ce témoin dans l'Enquête des faits justificatifs, faite en 1723. elle y a ajoûté une circonstance en 1729.

Ajoûte la Déposante que le Suppliant sortit de l'Auditoire & se transporta dans une chambre basse où Ferrier Fils étoit, là disputerent avec chaleur, Ferrier remontrant au Suppliant qu'il devoit rediger par écrit toutes les circonstances des dépositions des Témoins.

Pour peu qu'on réfléchisse à cette déposition, on voit qu'elle est étudiée & suggerée ; mais pour avoir trop fait dire à cette Femme, on l'a fait tomber dans des contradictions qui prouvent la fausseté. En effet, n'est-il pas surprenant de voir cette

I

Femme âgée de plus de 70. ans, fe reffouvenir aprés trois & huit ans jufqués aux moindres paroles de tout ce qui luy a été demandé & dit, comme auffi de ce qu'elle a répondu. Et lorfqu'il s'agit de rendre témoignage à la verité, fur un fait dont elle devoit effentiellement fe reffouvenir, elle n'a plus de mémoire, comme on le voit par la déclaration qu'elle a faite au fujet de l'Arrêt en vertu duquel elle a dépofé devant le Suppliant, qu'elle dit ne pas fe fouvenir fi on luy en a fait lecture. Cette réflêxion, quoyque fuccincte, mérite attention.

L'ajoûté que cette Femme a fait en 1729. eft une preuve évidente de fuggeftion & de fauffeté.

Dans le corps de fa dépofition elle dit qu'étant fortie lors de fa dépofition de 1721. qu'elle rencontra Queffemme à l'entrée du veftibule, prés de l'efcalier par lequel elle venoit de defcendre de l'étage d'enhaut, qu'elle luy fit fes plaintes, lefquelles ayant apparemment été entenduës par le Suppliant, il ouvrit la porte de la chambre dans laquelle il étoit, demandant que c'étoit, que Queffemme s'avança & luy dit le fujet de fes plaintes, & demanda avec honnêteté de déferer à fa priere; & que le Suppliant ne s'y rendit qu'aprés plufieurs inftances, aprés quoy il fit rentrer la Dépofante dans la chambre, & fit ajoûter en marge la circonftance qui concernoit la Dame Ferrier.

Tout ce raifonnement fuppofe un feul & même tems, & que le Suppliant n'a pas quitté fon Auditoire.

Cependant cette Femme dans l'ajoûté qu'elle a fait en 1729. affirme totalement le contraire; elle dit que le Suppliant fortit de l'Auditoire & fe tranfporta dans une chambre baffe où Ferrier Fils étoit, & que là ils fe difputerent avec chaleur; voilà des contradictions qu'il eft impoffible de concilier, mais en même tems elles prouvent la féduction & la fauffeté du Témoin, d'autant plus fenfible qu'il n'y a que cette Femme qui faffe faire une pareille démarche au Suppliant; mais aprés tout, voyons fi ce qu'elle dit avoir dépofé devant le Suppliant ne fe trouve point par luy rédigé.

Dans les dépofitions qu'elle a fait devant le Suppliant, elle dépofe au regard de Ferrier Pere, qu'il étoit venu à Belfort avec le Sr. de St. Juft, qu'il avoit les clefs des coffres dudit Sr. de St. Juft, chés lequel il faifoit les fonctions de Maître d'Hôtel.

Dans celle-cy elle dit précifément la même chofe.

Dans fes premieres, elle a dépofé qu'elle ne fe fouvenoit pas d'avoir vû le Sr. Ferrier Cantinier.

Dans celle-là elle n'en dit pas davantage.

Dans celles faites devant le Suppliant fur le fait concernant la Dame Ferrier, elle dépofe n'avoir point vû la Dame Ferrier fur le Theatre.

Dans celle-là elle dit avoir répondu fur ce fait, que Dubillot n'étoit pas marié lorfqu'il joüoit à Belfort.

Mais quand il feroit vray qu'elle eût dit cette circonftance, elle étoit inutile, & il fuffifoit qu'il eût été retenu qu'elle n'avoit jamais vû la Dame Ferrier fur le Theatre; car il n'étoit pas queftion de fçavoir fi la Dame Ferrier avoit monté fur le Theatre avant fon mariage, mais bien fi jamais en fa vie elle avoit été Charlatane, & fi elle avoit joué le rôle de Colombine.

Aprés cela cette Femme a-t'elle quelques raifons de criailler contre le Suppliant pour s'être mis de mauvaife humeur, parce qu'elle vouloit qu'on inferât dans une Enquête cent chofes inutiles ou indifferentes. & le Suppliant fe rapporte à la premiere dépofition de cette Femme, qui eft rédigée fans aucun renvoy, & à laquelle elle s'eft rapportée lors de fa feconde, faite en 1721. où elle dit à l'avantage de Ferrier, que fon Pere a été Maître d'Hôtel; qu'il n'a point été Cantinier, & que fa Femme n'a point monté fur le Theatre.

Enfin pour faire voir, à n'en plus douter, que cette Femme ne fçait plus ce qu'elle dit, lorfque Ferrier n'eft plus derriere elle pour luy fuggerer ce qu'elle doit dépofer; la démonftration en eft bien fenfible, par la réponfe qu'elle a faite lors de la confrontation de 1721.

,, Elle a été interpellée de déclarer avec qui elle étoit rentrée dans l'Auditoire
,, pour faire un ajoûté à sa déposition.

Elle a répondu qu'elle n'étoit absolument point rentrée ; on luy a représenté plusieurs fois que sa déposition même prouvoit qu'elle étoit rentrée pour faire un ajoûté
à chaque fois, elle a soûtenu que non. Quelle foy ajoûtera-'ton après cela à la déposition de cette femme, qui s'avoüe elle-même faussaire.

Comme Ferrier a toûjours fondé principalement les faussetés & les prévarications
qu'il a supposé au Suppliant sur la déposition d'Elizabeth Giboutet & de celle-cy,
qui est niéce de ladite Giboutet & cousine germaine de Dubillot, à cause de sa Femme, surquoy le Suppliant l'a aussi reproché lors de la confrontation, parenté dont ce
témoin est convenu.

Marie-Ursule
Courrot , niéce
d'ElizabethGibou-
tet.

Le Suppliant, pour confondre entierement l'imposteur, rapportera la déposition
que cette femme a faite devant luy en 1721. figurée avec les ajoûtés & renvois, tels
qu'ils sont dans l'original.

,, Marie-Ursule Courrot a donc déposé en 1721. où elle est la quatriéme en
,, ordre, (c'est-à-dire qu'elle a déposé immédiatement avant sa tante) qu'elle a
,, connu parfaitement le Sieur Ferrier pere pendant qu'il étoit au service de Mon-
,, sieur de Saint Just Gouverneur de Belfort ; qu'elle a oüy dire qu'il étoit Maître
,, d'Hôtel dudit Sieur de Saint Just, & non Valet de Chambre, qu'il a eu la Cantine
,, des Soldats ; mais qu'elle ne sçait point s'il l'a exercé par luy-même, ou s'il l'a fait
,, exercer par d'autres ; qu'elle a aussi connu le Sieur Dubillot Operateur, & qu'il
,, avoit un Theatre en la Place publique de Belfort ; qu'elle a vû des femmes sur ce-
,, luy Theatre ; mais qu'elle croit que c'étoit des hommes travestit en femme ; que le
,, frere de Dubillot s'empoisonnoit pour faire valoir son Orviétan ; qu'elle n'a point
,, vû ladite Dame Dubillot sur le Theatre, ny ne sçait quel nom on luy donnoit,
,, qui est tout ce qu'elle a dit sçavoir ; lecture à elle faite de sa déposition, a dit icelle
,, contenir verité, y a persisté & signé, & ayant requis taxe, luy avons taxé dix sols.

,, Ajoûte ladite Déposante, qu'elle ne peut sçavoir comme elle nous a dit quel nom
,, elle pouvoit avoir, puisqu'elle n'a point monté sur le Theatre * puisqu'elle croit
,, que c'étoit des hommes travestit en femme ; lecture à elle faite du present ajoûté,
,, y a aussi persisté & a signé.

* Et qu'elle n'a
été mariée avec le-
dit Dubillot qu'a-
prés a été sortie de
Belfort , signées,
Marie-UrsuleCour-
tot , Gomé, La-
nier.

Cette déposition est toute à l'avantage de Ferrier, & les ajoûté & renvoy sont conformes à l'Ordonnance, ce qui suffit pour la justification du Suppliant, qui s'y rapporte ; il pourroit donc se dispenser d'entrer dans une plus longue discution, mais il s'y voit
obligé, parce que Ferrier suppose au Suppliant des prévarications sur cette déposition,
& pour la justifier, il porte ces termes dont ce témoin s'est servy dans la déposition qu'elle a faite dans l'Enquête justificative en 1723. & dans la répetition par information de 1729. qui est la même chose, au-dela de leurs significations,

*Marie-Ursule Courrot est la vingt-quatriéme en ordre dans la répetition par in-
formation ; elle y depose, qu'ayant comparu & déposé par devant le Supliant en
l'Enquête du mois de Février 1721. lorsqu'on luy fit lecture de sa déposition, elle
s'apperçût que l'on avoit inseré, qu'elle ne sçavoit pas le nom que l'on donnoit à la
Dame Dubillot sur le Theatre, quoyqu'elle eût déposé qu'elle ne l'avoit jamais vûë
sur le Theatre, ce qui luy fit de la peine, & elle pria le Suppliant de le rayer ou
de le corriger, à quoy il satisfit avec difficulté ; & ayant fait faire lecture de ce
qu'il avoit ajoûté pour corriger la précedente expression ; la Déposante demanda encore qu'il y fut inseré, que les Dubillot ne s'étoient mariées qu'aprés être sortis de Belfort, ce qui fut encore ajoûté, quoyque le Suppliant en fit difficulté ; la Déposante
s'opiniâtrant ; que cette conduite du Suppliant fit croire à la Déposante qu'il avoit
voulu inserer quelque chose de plus qu'elle n'avoit dit, ou en suprimer quelques circonstances ; que le Supliant luy avoit fait lecture de l'Arrêt du 11. Septembre 1720,
qui luy a été représenté.*

Telle est la déposition de cette femme dans l'Enquête justificative, & dans la répetition par information, sur ce qu'on luy a demandé si elle ne sçavoit pas quel-

qu'autres faits contre le Suppliant ; elle a ajoûté *qu'elle n'avoit autre connoiſſance que ce qui reſulte de ſa depoſition & repetition ; qu'elle a bien oüy dire dans le Public, que ſi on recherchoit la conduite du Suppliant, on trouveroit bien des choſes contre luy, qu'eſt tout ce qu'elle a dit ſçavoir.*

N'eſt-il pas inoüy de voir après qu'une depoſition a été rédigée avec toute l'exactitude poſſible ; que cette même exactitude ſerve néanmoins de prétexte à une Partie violente pour en faire un crime au Commiſſaire, & qu'on le réduiſe, au mépris de toutes les Loix, dans la cruelle ſituation d'Accuſé, & dans la néceſſité de ſe juſtifier, nonſeulement ſur la depoſition qu'il a reçu & que ce témoin a aprouvé, mais encore de rendre compte au témoin même des fauſſes impreſſions qu'il a conçû ſur la maniere dont le Commiſſaire l'a interrogé.

C'eſt l'état où ſe trouve le Suppliant, il eſt obligé de rendre compte aux uns pourquoy il a eu un air enjoüé, & aux autres pour leur avoir paru plus ſerieux car c'eſt ſur ces differens mouvemens, auſquels les témoins ont ſans doute eux-mêmes donné lieu par leur façon de répondre, ou ridicule ou obſcure ; qu'ils concluent ſans aucun ménagement, qu'il leur a paru, qu'il leur a ſemblé que le Suppliant étoit plus porté pour le Comte de Reinacb que pour Ferrier.

Le témoin qu'on diſcute employe un autre terme ; il dit que là difficulté qu'il ſuppoſe au Suppliant, de faire rédiger les ajoûtés inſerés dans ſa depoſition, luy a fait croire qu'il avoit voulu inferer quelque choſe de plus qu'il n'avoit dit, c'eſt ſur quoy roule le faux raiſonnement de cette femme ; car au ſurplus elle avoüe que le Suppliant luy a fait lire l'Arrêt de preuve, & elle ne l'accuſe pas de n'avoir point fait rédiger ſa depoſition ainſi qu'elle l'a ſouhaitée & ſignée.

Toute la depoſition de cette femme ne tend donc qu'à inſinuer que le Suppliant avoit fait quelques difficultés de mettre un ajoûté (ce qui n'eſt pas) & quand il ſeroit vray qu'il auroit fait difficulté, encore n'en pourroit-on rien induire de ſiniſtre, & il eſt facile de connoître que ces ajoûtés étoient mêmes inutiles.

Cette femme devoit dépoſer ſur le fait de ſçavoir ſi la Dame Ferrier avoit été Charlatane, ſi elle avoit monté ſur le Theatre, & ſi on luy donnoit le nom de Colombine.

Sur ces trois articles qui compoſent ce fait, elle a dit devant le Suppliant qu'elle connu Dubillot Operateur, qui avoit à Belfort un Theatre, ſur lequel elle a vû des femmes, qu'elle croit avoir été des hommes traveſtis, qu'elle n'a point vû la Dame Ferrier ſur le Theatre, ny ne ſçait quel nom on luy donnoit.

Répondre de la ſorte, c'étoit répondre pertinemment ; & en diſant qu'elle ne l'avoit pas vû ſur le Theatre ; il étoit conſequent de parler du nom qu'on donnoit à la Dame Ferrier, & en s'expliquant comme le témoin a fait, c'étoit dire directement qu'il ne ſçavoit rien de la troiſiéme partie du fait concernant le nom de Colombine.

Dans ces circonſtances rien n'étoit plus inutile que l'ajoûté de cette femme ; *qu'elle ne pouvoit ſçavoir quel nom avoit la Dame Ferrier, puiſqu'elle n'étoit point montée ſur le Theatre ;* d'autant que c'étoit dire deux fois la même choſe, & tomber dans une répetition.

Il étoit encore plus inutile d'ajoûter *que la Dame Ferrier n'avoit été mariée avec Dubillot qu'après ſa ſortie de Belfort ;* il ne s'agiſſoit pas au procès de ſçavoir ſi la Dame Ferrier avoit monté ſur le Theatre à Belfort ſeulement, mais ſi jamais elle y avoit monté quelque part ; rien n'étoit donc plus ſuperflus que cet ajoûté ; cependant le Suppliant a bien voulu pour la ſatisfaction du témoin le rédiger, & c'eſt une complaiſance qu'il pouvoir en ſûreté de conſcience ſe diſpenſer d'avoir ; voilà les réflexions que le Suppliant preſente pour détruire les fauſſes impreſſions que Ferrier & ſon témoin ont comploté de répandre contre le Suppliant, qui enfin ſe rapporte à la depoſition qu'il a rédigé qui juſtifie ſon exactitude, & qui eſt en tout conforme à l'Ordonnance.

A l'égard de l'ajoûté que ce témoin a fait en 1729. n'étant fondé que ſur un oüy dire qui n'eſt point circonſtantié, ſans déſignation de perſonne ny du tems, ne merite aucune réponſe.

C

Ce témoin a dépofé en l'Enquête de 1720. où il eft le quatorziéme, on ne tranf- crira pas fa dépofition, parce que dans celles qu'il a fait contre le Suppliant en 1723. & 1729. il rapporte mot pour mot tout ce qu'il a dépofé devant le Suppliant, auffi n'a-t'il pas été confronté.

Alexandre le Gros.

„ Cette femme eft le cinquante-uniéme en ordre en l'Enquête de 1720. elle y a dépofé
„ qu'elle n'a point connu le Sieur Ferrier chez Mr. de Saint Juft; mais qu'elle a oüy
„ dire à fa mere que le Sieur Ferrier a été Valet de Chambre du Sieur de Saint Juft;
„ qu'elle n'a pas vû ledit Sieur Ferrier avoir la Cantine; qu'elle a bien vû Dubillot
„ & fon frere fur le Theatre; mais qu'à l'égard de la Dame Dubillot à prefent Ferrier,
„ elle ne l'a pas vû, n'en ayant aucune connoiffance, ny ne fçait quel nom elle pre-
„ noit dans les rôles qu'elle joüoit.

Claude Catin.

Dans l'Enquête juftificative de 1723. & dans la répetition par information, où elle eft la vingt-feptiéme en ordre; elle a dit que le Suppliant luy avoit fait lire l'Arrêt du 11. Septembre 1720. qui luy a été reprefenté; qu'elle répondit qu'elle n'avoit jamais connu le Sieur Ferrier pere lorfqu'il étoit encore chez le Sieur de Saint Juft; mais qu'elle avoit oüy dire à fa mere, qui avoit vû arriver le Sieur de Saint Juft à Belfort; que ledit Ferrier étoit près de luy fon Maître d'Hôtel; qu'elle ne fçavoit pas s'il avoit eu la Cantine, & qu'elle n'avoit point vû la Dame Ferrier fur le Theatre des Dubillot, lorfqu'ils joüoient en cette Ville.

On voit que ces deux dépofitions ne different que fur ce qu'elle prétend avoir dit au Suppliant, qu'elle avoit oüy dire à fa mere que Ferrier pere étoit Maître d'Hôtel, au lieu qu'il eft porté dans celle de 1720. qu'elle avoit oüy dire à fa mere qu'il avoit été Valet de Chambre.

Mais cette variation qui ne porte que fur un oüy dire qui n'auroit fait aucune preuve, ne peut point être attribué au Suppliant: il a été fait lecture à cette femme de l'Arrêt; il luy a été fait lecture de fa dépofition, elle ne s'en eft jamais plainte, & elle ne dit pas même que le Suppliant ait changé aucune circonftance de fa dépo- fition; de forte que fi cette femme a varié, c'eft par fon propre fait, autrement il feroit vray de dire qu'un témoin peut impunément fe rétracter en accufant le Commiffaire, & il n'eft point de faux témoin qui ne trouvât dans ce fubterfuge un azile affuré contre la Juftice; d'ailleurs cette femme eft le feul de tous les témoins qui ait varié en ce point; & fa dépofition merite d'autant moins d'attention, qu'à la fin elle cher- che à infinuer que le Suppliant a voulu luy faire dire que la Dame Ferrier avoit été Charlatane; quoyque dans fa dépofition de 1720. il eft expreffément porté qu'elle n'a aucune fouvenance de ce fait, & qu'elle ne l'a jamais vûë en cette qualité, ce qui détruit entiérement la fauffe infinuation de ce témoin, & tout fon raifonnement fait bien voir qu'il luy a été fuggeré.

Cette femme eft le vingt-feptiéme en ordre dans l'Enquête de 1720. elle y a dépofé tout en faveur des Ferrier.

Et dans la répetition par information où elle eft le trentiéme, elle rend au Suppliant la Juftice qui luy eft dûë; elle déclare *qu'elle ne s'eft point aperçuë, & qu'elle ne croit pas que le Supliant ait fuprimé ou alteré aucune circonftance de fa dépofition; fur cette jufti- fication ce témoin n'a pas été confronté.*

Jeanne-Marie Menigau.

Ce témoin, qui eft le 4. en l'Enquête de 1720. & le 31. en la répetition par information, s'énonce dans les mêmes termes que le précédent, *qu'il ne s'eft point apperçû que le Sppuliant ait fuprimé ou alteré les circonftances de fa dépofition.*

Ce témoin a ajoûté à fa dépofition en 1729. fur la demande qui luy a été faite s'il ne fçavoit rien des autres faits réfultans des pieces; *il a déclaré qu'il n'en a autre connoiffance, finon par le bruit public dans la Ville de Belfort, que le Sup-*

Me. Antide Moüil- lefaux.

K

pliant étoit partifant du Sr. de Reinach, qu'eſt tout ce qu'il a dit ſçavoir.

Mais ce dire eſt vague, il ne nomme perſonne, & ne déſigne point le tems que ce bruit peut avoir commencé; il y a 12. ans que Ferrier diffame le Suppliant par ſes diſcours & par des libelles, & voilà la ſource de ce bruit; cet ajoûté ne prouve donc rien : la Cour l'a déja jugé, en ne confrontant point ce témoin.

Jeanne Valliere. Ce témoin qui eſt le 34. de la répétition par information, dépoſe en mêmes termes que les deux précedens, c'eſt-à-dire qu'il ne croit pas que le Suppliant ait ſupprimé ou changé aucune circonſtance de ſa dépoſition, & n'a pareillement pas été confronté.

Jean-Pierre Tiſſerand. Ce témoin eſt le 11. en ordre en l'Enquête de 1721. où il dépoſe, ,, Qu'il étoit ,, au ſervice de Mr. de St. Juſt; que luy qui dépoſe, étoit Chaſſeur de mondit Sr. ,, de St. Juſt, & que lorſqu'il tuoit du gibier, il l'apportoit chés mondit Sr. de ,, St. Juſt; & que ledit Sr. Ferrier le payoit par piece, & qu'il étoit pour lors

* Et que le nommé Ferrand étoit Valet de Chambre, ſignés, Jean Pierre Tiſſerand, Gomé, Lanie. ,, Maître d'Hôtel dudit Sr. * ne peut ſe ſouvenir combien on luy payoit par piece, ,, parce qu'il y a 42. ans paſſés; qu'il n'a pas vû que ledit Sr. Ferrier ait eû la Can- ,, tine des Soldats, parce que ledit Sr. Ferrier ſe maria dans ce tems-là; que pour ,, ce qui concerne la Dame Dubillot, à preſent Ferrier, le Dépoſant n'en a aucune ,, connoiſſance, ny n'y a pas pris garde quelle fonction elle faiſoit avec ſon Mary ,, dans la Ville de Belfort; qu'eſt tout ce qu'il a dit ſçavoir.

L'on a tranſcrit la dépoſition de ce témoin, & figurée telle qu'elle ſe trouve dans l'original; c'eſt un de ceux que Ferrier a fait rentrer dans l'Auditoire le ſecond jour de l'Enquête du mois de Fevrier 1721. pour ajoûter la circonſtance de Ferrand, tranſcrite à la marge.

Ce témoin eſt le 35. de la répétition par information, où il dit, qu'il n'a pas été oüi en l'Enquête du mois d'Octobre 1720. mais bien en celle du mois de Fevrier 1721. qu'alors le Suppliant, qui y procedoit, luy fit lecture de tous les faits portés par l'Arrêt du 11. Septembre précédent, par lequel les Parties avoient été inter- loquées, & que le Dépoſant ayant répondu ſur le premier fait, qui étoit que Fer- rier pere avoit été Valet de Chambre chés le Sr. de St. Juſt; que ledit Ferrier pere étoit Maître d'Hôtel, & que c'étoit le nommé Ferrand qui étoit Valet de Chambre alors; le Suppliant ne voulut faire retenir par écrit que la premiere partie de cette dépoſition, & non la ſeconde concernant ledit Ferrand, diſant qu'il ne s'en agiſſoit pas; & que le Sr. Gomé fit ajoûter en marge cette derniere circonſtance; qu'après que le Dépoſant ſortit de la chambre, s'en fut plaint à Queſſemme, & que celui-cy entré dans ladite chambre eut prié le Suppliant d'inſerer ladite cir- conſtance; qu'au ſurplus le Suppliant en luy donnant lecture des faits ſur leſquels les Parties étoient interloquées, luy en a auſſi expliqué le ſens. Ajoûte le Dépoſant que lorſque le Sr. de St. Juſt étoit à Belfort Gouverneur, luy Dépoſant étoit ſon Chaſſeur, & quand en ſadite qualité il apportoit du gibier, le Sr. Ferrier pere luy payoit en ſa qualité de Maître d'Hôtel du Sr. de St. Juſt; au reſte ne veut aug- menter ny diminuer.

Ce témoin rend la juſtice au Suppliant qu'il a fait rédiger ſa dépoſition comme il le ſouhaitoit, à la ſeule circonſtance près de Ferrand tranſcrite à la marge, qu'il dit que le Suppliant ne voulut pas la faire rédiger.

A ſuppoſer qu'il ſoit vray que ce témoin eût effectivement lors de ſa dépoſition, parlé de cette circonſtance, & que le Suppliant eût refuſé de la faire rédiger, en- core n'en pourroit-on rien induire de ſiniſtre contre le Suppliant, parce qu'en effet l'Arrêt n'en portoit pas le fait, donc il ne s'en agiſſoit pas; les Ferrier n'en ont jamais poſé aucun, on le voit par les Requêtes qu'ils ont donné contre le Comte de Reinach à fin de réparation, comme auſſi par la Requête que Ferrier pere a en- ſuite donné pour être admis à la preuve du contraire.

Si dans cette demande de la preuve contraire, Ferrier pere ſe fût expliqué, & qu'il eût poſé en fait qu'il n'étoit pas Valet de Chambre du Sr. de St. Juſt, mais Maître d'Hôtel, & que c'étoit le nommé Ferrand qui étoit Valet de Chambre , & que le fait eût été retenu par l'Arrêt, alors le Suppliant seroit exposé avec fondement aux reproches, de n'avoir point fait retenir ce fait lorsque le témoin le luy avoit dit ; mais il est inoüi qn'on puisse faire un crime au Suppliant d'avoir resté dans les termes de l'Arrêt, qui ne demandoit pas qui avoit été Valet de Chambre du Sr. de St. Just , mais si Ferrier pere l'avoit été ; ainsi en disant qu'il étoit Maître d'Hôtel, c'étoit dire qu'il n'étoit pas Valet de Chambre , par consequent c'étoit satisfaire à l'Arrêt.

Ce témoin qui est frere du précédent, a été entendu dans la même Enquête de 1721. immédiatement après son frere, où il est le 12. la même chose est arrivée à son égard ; ainsi ce sont les mêmes raisons & réflêxions que sur la déposition précedente , le Suppliant rapportera cependant sa déposition figurée, pour faire connoître son exactitude sur les faits que le témoin a déposé.

ConradTisserand.

,, Dépose qu'il a connu parfaitement le Sr. Ferrier au service de Mr. de St. Just ; ,, qu'il étoit Maître d'Hôtel de la Maison ;* que luy qui dépose étoit pour lors Chas- ,, seur, & qu'il portoit le gibier qu'il tuoit à la Maison, que le Sr. Ferrier don- ,, noit à boire à luy qui dépose , & luy payoit & aux autres Chasseurs par piece de ,, gibier dix sols ; qu'il n'a pas vû ledit Sieur Ferrier exercer la Cantine des Soldats ; qu'il ,, n'a pas connu la Dame Dubillot , à present Ferrier , que depuis le mariage du- dit Sr. Ferrier.

* Et que le Sieur Ferrand étoit Valet de Chambre , signés, Gomé, Lanier.

On a déja observé à l'égard de l'ajoûté de ce témoin mis en marge , que les choses s'étoient passées de la même maniere qu'avec le témoin précedent ; ainsi il seroit inutile de rien répeter , ny de rapporter la déposition qu'il a faite dans la répetition où il est le 36. en ordre , & ne parle précisément que de cette seule circonstance ; le Suppliant observera seulement que ce témoin ; de même que son frere, ayans été interpellés, *s'il n'étoit pas vray que le Suppliant a fait rédiger tout ce qu'ils avoient dit concernant les Sr. & Dame Ferrier , conformément aux faits portés par l'Arrêt de preuve , & qu'on avoit relû leurs dépositions après qu'elles furent redigées ?* l'un & l'autre de ces deux témoins a déclaré que cela étoit vray ; cette réponse jointe aux observations qu'on a fait, justifie sans doute suffisamment le Suppliant.

Pierre-Antoine Mustin.

Ce témoin est le 2. en ordre dans l'Enquête du Comte de Reinach ; il seroit superflu de rapporter sa déposition, parce que dans la répetition par information , il dépose tout à l'avantage du Suppliant ; il dit que l'Arrêt de preuve du 11. Septembre 1720. luy a été lû ; que le Suppliant luy en a expliqué le sens , & qu'il ne s'apperçût point d'aucune partialité en la conduite du Suppliant Commissaire, ny qu'il ait changé aucune circonstance de sa déposition.

Ce témoin ajoûte cependant sur les faits resulrans des pieces énoncées en l'Arrêt du 9. Juillet 1729. & sur la plainte desdits faits qu'on luy a expliqué, qu'il n'en a autre connoissance, sinon qu'il a oüi dire par plusieurs personnes, que le Suppliant étoit plus porté pour le Comte de Foussemagny que pour le Sr. Ferrier.

On ne voit jamais que des témoins qui ne rapportent que des oüis dire absolument vagues, ce qui prouve bien que c'est Ferrier & ses Emissaires qui en sont les Auteurs; on ne peut donc faire fond sur de pareils oüis dire ; aussi n'a-t'on pas confronté ce témoin.

LoEis Berger.

Ce témoin cousin germain de Ferrier pere, a déposé en l'Enquête du Comte de Reinach , où il est le trentiéme , & il y a déposé entierement à l'avantage des Ferrier , cela n'est point surprenant, mais ce qui doit le paroître d'avantage , c'est de voir ce parent de Ferrier déposer deux fois contre le Suppliant, la premiere dans l'Enquête prétenduë justificative faite en 1723. & la seconde dans la répetition par information faite en 1729.

En 1723. cet homme rend à la probité du Supliant la justice qui luy est dûë; il déclare que lorsqu'il comparut devant le Supliant au mois d'Octobre 1720. il ne luy fut point fait lecture d'aucun Arrêt ; mais qu'il fut interrogé fur les mêmes faits portés par l'Arrêt du 11. Septembre précedent, qui luy a été repréfenté qu'il ne s'eſt point aperçû que le Supliant ait changé aucune circonſtance de ſa dépofition, & qu'au furplus il n'a point de connoiſſance des autres faits juſtificatifs portés en l'Arrêt du 22. Septembre même année, qu'eſt tout ce qu'il a dit ſçavoir.

Voilà une dépofition bien précife, & dans un tems où l'on recevoit des témoins tout ce qu'ils vouloient dire au gré de leur imagination ; cependant ce témoin en demeure dans les termes dont ſa dépofition eſt raportée.

En 1729. lors de la répetition par information, il fait deux ajoûtés à cette dépofition.

Le prémier, que lorſqu'il comparut devant le Supliant au moit d'Octobre 1720. il dit au Dépofant, qu'étant parent du Sieur Ferrier, il ne vouloit aparemment rien dire ; mais que s'il vouloit dépoſer il pourroit dire bien des choſes, & qu'il ſe facha contre le Dépofant, en luy difant qu'il n'avoit que faire de taxe, & le renvoya effectivement fans taxe.

Le ſecond ajoûté qu'il fait de fuite fur les faits réfultans des piéces écencées en l'Arrêt du 9. Juillet 1729. & fur la plainte defdits faits, il dépoſe qu'il n'en a autre connoiſſance, ſi non que pluſieurs témoins ſe ſont plaints publiquement de la conduite du Supliant, lequel faifoit rédiger par écrit pluſque ce que les témoins avoient dit, & qu'à d'autres, il ne faifoit point rédiger leurs dépofitions en entier, qu'il a même oüy dire de Lanier pour lors Commis Greffier, que le Supliant difoit audit Lanier, écrivés ce que je vous dicte, les témoins dépofent devant moy, & non pas devant vous.

Quand ces ajoûtés ſeroient vray autant qu'ils ſont ſuppoſés, encore ne prouveroient-ils rien contre le Supliant, puiſqu'ils ne ſeroit pas moins vray qu'il n'a alteré ny changé aucune circonſtance de la dépofition de ce témoin qui le déclare encore luy-même.

Mais tout perſuade que ces ajoûtés ſont l'effet de la ſuggeſtion de Ferrier à ſon coufin Boyer ; l'âge de 73. ans du témoin au tems de ſes ajoûtés ; l'eſpace de neuf années qui ſe ſont écoulées depuis 1720. qu'il a dépoſé devant le Supliant juſqu'en 1729. ſon ſilence ſur ſes ajoûtés en 1723. tems auquel on voit avec quelle recherche toutes les dépofitions ont été rédigées ; le prétexte de la taxe qu'il employe pour donner quelque vray-ſemblance aux interrogats & à la colère qu'il ſupoſe au Supliant ; le fait géminé pour rendre plus remarquable les plaintes qu'il ſupoſe avoir entendu de pluſieurs témoins, ſans cependant en nommer aucun, tout enfin perſuade que ce Boyer n'a fait ces ajoûtés que par la bouche de ſon coufin Ferrier, & ce n'eſt que pour le démontrer que le Supliant a diſcuté les ajoûtés de ce témoin, qui ne luy a pas été confrontés.

C'eſt par où finit la diſcution des témoins de la répetition par information qui avoient dépoſés devant le Supliant dans les Enquêtes de 1720. & 1721. le Supliant avoit annoncé qu'il y en avoit 25. mais il ne s'en trouve que 24. parce que le vingt-cinquiéme, qui eſt un nommé Jean-Guillaume Chavey de Porentruy, n'a point été récolé ; la diſcution en ſeroit par conféquent inutile, puiſque la lecture n'en peut être admiſe.

Par l'examen qu'on vient de faire de ces 24. Témoins de la répetition par information, & qui ſeuls pouvoient dépoſer ſur les faits de fauſſetés & de prévarications que Ferrier a impuré, le Supliant ſe flate d'avoir démontré qu'il n'y en a pas la moindre preuve.

A l'égard de la fauſſeté, elle eſt qualifiée ; Ferrier a accuſé le Supliant de n'avoir pas fait lire aux Témoins qui ont comparu devant luy en 1720. & 1721. le véritable Arrêt qui interloquoit les Parties, c'eſt dire qu'il leur a fait lire un faux Arrêt.

Or, le Supliant a cet avantage qu'il n'y a pas un ſeul de tous ces Témoins qui ne ſoit convenu qu'il leur avoit fait lire l'Arrêt du 11. Septembre 1720. qu'il les a interrogé ſur les faits portés par ce même Arrêt qui leur a été repréfenté, & qu'il leur en a expliqué le ſens naturel.

Quant à la prévarication ; pour que le Supliant pût en être convaincu, il faudroit
qu'on

qu'on eût relû aux Témoins les dépositions qu'ils avoient faites devant luy en 1720. & 1721. & qu'ils difent affirmativement, qu'il a changé, obmit & supprimé des circonstances essentielles de leurs dépositions ; & pour les mettre en état de le déclarer, on devoit au moins lors de la repetition par information faite en 1729. leur relire les dépositions qu'ils avoient faites devant le Suppliant en 1720. & 1721.

Mais comme on en vouloit au Suppliant, on a eu garde de suivre aucune forme, ny aucune régle, on a simplement répetés les témoins sur ce qu'ils avoient déposés dans l'Enquête des faits prétendus justificatifs faite en 1723. c'est-à-dire qu'en 1729. on leur a seulement demandé, qu'avés-vous déposé devant le Suppliant il y a 8. à 9. années ; & une partie de ces Témoins d'intelligence n'ont pas demandé qu'on leur representa leurs premiéres dépositions.

Cependant par la discution que le Suppliant a fait, il a clairement fait connoître qu'il n'y a pas la moindre preuve de prévarication de sa part, & que ces témoins ce sont principalement attachés à faire des récits sur une prétenduë maniere d'interroger qu'ils supposent au Suppliant, & de-là concluënt qu'il leur a paru, qu'il leur a semblé, ou crû remarquer que le Suppliant étoit plus porté pour le Comte de Reinach, que pour la famille des Ferrier ; voilà à quoy aboutissent essentiellement leurs dépositions, mais en même tems l'on en a fait voir le complot medité, c'est à quoy la Cour est suppliée de donner son attention ; & que de ces vingt-quatre témoins il y en a dix qui justifient pleinement le Suppliant ; car ils déposent qu'ils ne se sont point apperçûs & qu'ils ne croyent pas que le Suppliant ait changé, ny alteré aucunes circonstances de leurs dépositions.

De sorte qu'il n'en reste plus que 14. l'on a fait voir ce qui résultoit de leurs dépositions ; mais (à supposer ce qui n'est pas) que ces témoins fassent quelques charges contre le Suppliant, cette preuve seroit suspecte. 1°. Par la maniere dont on a entendu ces témoins contre le Suppliant. 2°. Elle seroit même détruite par la déposition de 52. autres témoins qui rendent tous témoignage à l'exactitude & à la probité du Suppliant.

L'on dit 52. témoins, & la preuve se tire des Enquêtes que le Suppliant a reçû en 1720. & 1721. qui sont composées de 66. témoins, sçavoir, celle du Comte de Reinach de 52. & celle de Ferrier Pere de 14. or, ceux qui n'ont point été entendus dans la répetition par information qui sont au nombre de 42. doivent être consideré comme si réellement ils y avoient déposés, autrement il dépendroit d'une Partie de se choisir des témoins affidés pour accuser & faire faire le procès à un Commissaire qui se verroit même sans ressource pour prouver son innocence & sa droiture, & il s'ensuivroit que la condition d'un Juge seroit plus déplorable que celle du dernier des hommes ; il faut donc regarder ces 42. témoins qui n'ont pas été entendus contre le Suppliant dans la répetition par information, comme justifiant le Suppliant, lesquels joints aux dix de l'information qui disent succintement, qu'ils ne se sont point apperçûs & qu'ils ne croyent même pas que le Suppliant ait rien changé, ni voulu changer, ni alterer aucune circonstance de leurs dépositions, font le nombre de 52. témoins qui justifient pleinement le Suppliant sur les faits de prévarications que Ferrier luy a supposé, & qui par consequent doivent prévaloir & détruire les dépositions de ces 14. témoins, à supposer encore une fois qu'on en pû induire quelque chose.

Enfin Ferrier qui n'oublie rien, qui tourne tout à sa façon, pour faire un crime des actions mêmes les plus indifferentes, suppose encore au Suppliant non-seulement des nullités, mais même des faussetés dans le procés verbal d'Enquête du 3. Octobre 1720.

Le Suppliant y a répondu dans un Memoire imprimé qu'il a distribué auquel il se rapporte, & où il a fait voir depuis la page 85. jusqu'à une partie de la page 91. toutes les erreurs & les impostures de Ferrier, ce Memoire luy est signifié ; & dans une nouvelle Requête qu'il a signifiée, il impute encore au Suppliant des ratures & des interlignes dans ce même procés verbal.

L

La Cour verra par l'original en quoy confiftent ces ratures & interlignes, & pour faire voir au public jufqu'où Ferrier a cherché à furprendre fon fuffrage, le Suppliant joindra à la fin de la prefente Requête copie figurée de ce procès verbal d'Enquête, où l'on ne trouvera pas la moindre rature, fi ce n'eft à la fin le mot *prétenduë*, & une ligne plus bas les mots, *les jours & an que deffus*, fur lefquels il n'y a qu'une barre, qui n'empêche pas de lire très-diftinctement ces mêmes termes, & la rature defquels, loin d'être d'aucune conféquence, juftifie au contraire l'exactitude du Suppliant.

On paffe prefentement à l'examen des autres faits que Ferrier a imputé au Suppliant, & qu'il voudroit auffi faire paffer pour crimes, ces faits font.

,, 1º· Que le Suppliant n'eut pas plûtôt apprit que Ferrier avoit traité d'un Office
,, de Confeiller, qu'il commença à tenir de luy des difcours très-défavantageux.

,, 2º· Qu'avant qu'il n'eût aucune difficulté avec le Sr. de Reinach, le Suppliant
,, avoit déja commencé à publier contre luy les faits injurieux à fa famille, à la
,, preuve defquels le Sieur de Reinach a été admis par la fuite.

,, 3º· Que le Suppliant a excité ledit Sieur de Reinach à foûtenir le procès
,, contre luy, Ferrier.

,, 4º· Que le Suppliant a fait voir la première Enquête, tant à Colmar qu'à
,, Belfort à plufieurs pefonnes, qu'il preffoit d'en prendre lecture, & fur ce qu'on
,, luy difoit que ces dépofitions n'operoient aucune preuve, il s'emportoit & difoit
,, que l'on n'en pouvoit voir de plus clair.

,, 5º· Que le Suppliant a témoigné de la paffion contre luy en plufieurs com-
,, pagnies par fes difcours dans l'intervale des deux Enquêtes.

Quand tous ces faits feroient véritables, jamais ils ne pourroient autorifer une prife à Partie, la preuve n'opereroit qu'un moyen de récufation; l'Ordonnance de 1667. au titre des récufations des Juges, y eft formelle.

L'article VI. porte. *Le Juge pourra être récufé s'il a donné confeil ou connu au paravant du different, comme Juge ou comme Arbitre, s'il a follicité ou recommandé, ou s'il a ouvert fon avis hors la vifitation & jugement, en tous lefquels cas il fera crû à fa déclaration, s'il n'y a preuve par écrit.*

L'article VIII. *Le Juge pourra être récufé pour menace par luy faite verbalement ou par écrit depuis l'inftance, ou dans les fix mois précedens la récufation propofée, ou s'il y a eu inimitié capitale.*

Voilà donc la volonté du Souverain, elle eft expreffément marquée, elle contient en termes bien précis la régle qu'il veut être obfervée à l'égard de fes Juges qui feront tombés dans les cas énoncés, la peine qu'il prononce n'eft que la récufation.

Cependant au mépris de toutes ces Loix fi précifes, Ferrier veut faire des faits tranfcrits cy-deffus des moyens de prife à Partie, & des chefs d'accufation; comme la difpofition de ces articles reçoit parfaitement leur application à tous ces faits, le Suppliant pourroit s'en tenir là; cependant, fans néanmoins s'en déporter, il examinera fuccintement chacun de ces mêmes faits.

Le premier fait fur les difcours défavantageux que Ferrier dit que le Suppliant a tenu de luy, eft abfolument vague, pour n'être point circonftancié.

Le fecond eft articulé, du moins en ce qu'il dit que le Suppliant a publié les mêmes faits aufquels le Sr. de Reinach a été admis par la fuite.

S'il eût été vray que le Suppliant eût publié ces faits, pourquoy Ferrier ne l'a-t'il point récufé, ou comme Juge, ou comme Commiffaire? il ne pouvoit pas l'ignorer, puifque felon luy le Suppliant devoit avoir publié ces faits bien avant la conteftation avec le Sr. de Reinach.

Mais quand le Suppliant auroit dit publiquement ces faits, il n'en feroit pas plus coupable, puifque ces mêmes faits étoient devenus publics, dés que Ferrier eut acquis l'Office de Confeiller, par une lettre anonime adreffée à Mrs. les Préfidens, dattée de Belfort, où l'on marquoit *que Ferrier Fils étoit de mauvaifes mœurs &*

naissance, qui ne seroit point honneur à la Compagnie, un broüillon & un vi-
tieux, qui y porteroit le trouble & le desordre.

Le Suppliant pour preuve de cette lettre, qui avoit été renduë publique, s'en est rapporté dans la Requête qu'il a donné à Colmar le 5. Juillet 1729. à tous Messieurs, & le fait a été avoué.

Dans ces circonstances n'étoit-il pas permis au Suppliant, qui est un des anciens du Corps, d'en parler, comme à tout le monde; & pourquoy seroit-il plus coupable qu'un autre, supposé qu'il eût dit que Ferrier ne seroit pas reçû, il n'y a pas un Conseiller qui n'ait tenu le même langage; cela est si vray, que Ferrier le dit luy-même par maniere de plainte dans son grand libel diffamatoire, avec des tables, & qui est joint au procés, où vers le commencement de la page 3. il s'explique en ces termes.

Cette affaire interessoit le Corps du Conseil d'Alsace, parce que plusieurs Officiers de cette Compagnie avoient dit publiquement qu'ils n'avoient rendu l'Arrêt du 11. Septembre 1720. que par raport à l'Office dont led. Ferrier Fils poursuivoit l'installation.

Les mêmes faits étoient encore devenus publics le jour de la Plaidoirie du mois de May 1720. lors de laquelle Ferrier plaidant pour son Pere en la premiere Chambre (le Suppliant siegeoit alors à la seconde) contre le Sr. de Reinach en cette sorte: *Voici Messieurs une seconde Foussemagnade.*

Le Comte de Reinach offensé, & pour marquer le mépris qu'il faisoit de l'Auteur de cette plaisanterie, répandit dans toute la Ville les faits ausquels il a ensuite été admis.

Il y a plus, c'est que le Sr. de Reinach avoit tenu les mêmes discours il y avoit longtems auparavant, & la preuve s'en tire de l'interrogatoire même de Ferrier Fils du 1. Juillet 1720. cet interrogatoire est produit au procés, la Cour est suppliée d'y faire attention.

Le troisiéme fait porte son absurdité dans sa proposition, que c'est le Suppliant qui a excité le Sr. de Reinach à soûtenir le procés entre luy & led. Ferrier.

On voit que dés l'année 1718. Ferrier avoit fait retenir dans une Sentence une demande en reparation contre le Sr. de Reinach, pour de pareils discours, tenus par led. Sr. de Reinach, contre la Famille de Ferrier.

Que du depuis ils ont toûjours été en procés, c'est-à-dire Ferrier Pere & le Sr. de Reinach, pour differens interêts civils; & que c'est à l'occasion de la plaisanterie que Ferrier Fils dit en plaidant pour son Pere en 1720. que le Sr. de Reinach repeta par maniere de mépris tous les faits ausquels il a été admis à la suite.

Que c'est à cette occasion que Ferrier pour se vanger a insulté le Sr. de Reinach dans la Salle basse du Palais, pour raison de quoy il se donna sa plainte, & qu'il fut informé contre Ferrier, lequel aprés son interrogatoire, & l'affaire civilisée, fit proceder à une preuve contraire; preuve qui n'a eu pour objet que de justifier que le Comte de Reinach avoit tenu de pareils discours désavantageux à sa famille avant qu'il y eût eu aucune contestation entre eux.

C'est ensuite de cette preuve que Ferrier a donné sa Requête en reparation contre le Comte de Reinach, que Ferrier Pere intervint, & conclut aux mêmes fins, & que le Comte donna pareillement la sienne, sur laquelle est ensuite intervenu l'Arrêt preparatoire du 11. Septembre 1720. qui a commit le Suppliant Commissaire.

Ces observations succintes suffisent sans doute pour faire voir, que rien n'est plus mal imaginé par Ferrier que ce fait; que c'est le Suppliant qui a excité le Sieur de Reinach à soûtenir le procés contre luy.

Pour donner plus de vraisemblance à ce fait, il devoit ajoûter, que c'étoit le Suppliant, qui l'avoit excité de turlupiner, ainsi qu'il a fait, le Sr. de Reinach: car c'est cette mauvaise plaisanterie, & l'insulte que Ferrier luy a faite dans la Salle basse du Palais, qui ont donné lieu successivement aux plaintes, information faite de la part du Sieur de Reinach, Ferrier devoit encore ajoûter, que c'est le Suppliant qui l'a excité de donner sa Requête en reparation & dommages & interêts contre ledit Sr. de Reinach; & enfin, que c'est le Suppliant qui a aussi excité Ferrier Pere d'intervenir dans la Cause aux mêmes fins de réparation, sur lesquelles est intervenu l'Arrêt préparatoire du 11. Septembre 1720. Rien n'est donc plus absurde que ce troisiéme fait que Ferrier impute au Suppliant ; aussi ne trouvera-t'on pas un seul témoin dans tout ce grand nombre qui a été entendu dans le cours de cette procedure, qui dise rien de ce fait.

Il en est de même des deux derniers faits ; sçavoir, que le Suppliant a fait voir l'Enquête du Sr. de Reinach, tant à Colmar qu'à Belfort à plusieurs Personnes, & qu'il avoit témoigné de la passion contre luy Ferrier, dans l'intervale des deux Enquêtes.

Quand il seroit vray que le Suppliant auroit montré l'Enquête du Sr. de Reinach, (ce qui n'est pas) quel grief en resultoit-il à Ferrier ? au contraire, c'eût été au Comte de Reinach à s'en plaindre, puisque par-là Ferrier étoit en état de reprocher les témoins qui déposoient des faits portés par l'Arrêt preparatoire ; & s'il eût été vray que le Suppliant eût témoigné de la passion contre Ferrier dans l'intervale des deux Enquêtes, pourquoy ne l'a-t'il pas recusé pour Commissaire, lors de la Contre-Enquête de Ferrier Pere ? & en un mot, à supposer tous ces faits veritables & justifiés, il faut convenir, qu'ils ne peuvent jamais operer que des moyens de recusation, & non pas de prise à Partie, ny de chefs d'accusation.

Après cela il seroit très-inutile d'entrer dans le détail de la déposition des vingt-cinq témoins oüis dans la repetition par information, qui n'avoient pas déposé devant le Suppliant, & qui ne pouvoient par consequent déposer que sur ces faits, dont les articles de l'Ordonnance que l'on a cy-devant raporté prononce, & la régle qu'il y a à suivre en pareil cas, & la peine contre le Juge, qui est celle de la recusation.

Le Suppliant a cependant discuté la déposition de ces vingt-cinq témoins dans le Memoire qu'il a distribué & signifié à Ferrier, il les a aussi discuté dans la Requête qu'il a donné le 5. Juillet 1729. au Conseil de Colmar, où il a également fait voir qu'il n'y a pas la moindre preuve de ces faits.

Il est vray que les nommés Rieden, Jean-Baptiste Chauffour & Dorothée le Fevre sa Femme, 46. 47. & 50. le premier dans un dîné, qu'il dit avoir fait chés le Suppliant, & les deux autres étans sur un Banc à le Rue, disent, que le Suppliant a dit que Ferrier ne seroit pas reçû Conseiller, mais lorsqu'ils ont été interpellés, lors de la confrontation de fixer le tems de ces discours, ils ont déclaré, qu'ils n'en sçavoient rien, le Suppliant les a reproché, parce que Me. de Rieden étoit, & avoit été Conseil de Ferrier dès le commencement du procés, ce témoin en est convenu.

A l'égard de Jean-Baptiste Chauffour & sa Femme, le Suppliant les a aussi reproché, parce qu'ils sont beau-frere & belle-sœur de Queffemme Procureur, qui a été Partie dans le Procés, & condamné par l'Arrêt de Colmar du 17. Mars 1723. & parce que la fille de Queffemme, niéce de ces deux témoins a épousé un Procureur à Colmar, nommé Deflors, cousin germain de Ferrier ; à l'égard de Maître François-Antoine Chauffour 44. témoin de la répetition par information, ce sont les mêmes reproches ; d'ailleurs sa déposition ne roule que sur un oüi dire, que le Suppliant avoit dit que Ferrier ne seroit point reçû Conseiller; lors de la confrontation, il n'a pû nommer les témoins, ny fixer le tems de cet oüi dire. Alexandre Cannat 48. témoin, rapporte une conversation qu'il a eu avec le Comte de Reinach, qui n'a rien de commun au Suppliant, qui a même cet avantage par devers luy, que ces témoins ayant fait des ajoûtés à leurs dépositions, par lesquels ils vouloient insinuer sur des oüis dire, que le Suppliant n'avoit pas bonne réputation; lors de la confrontation ils n'ont pû, ou plûtôt pas voulu nommer les personnes (qui se seroient trouvés les Parties secrettes du Suppliant) de qui ils avoient entendu parler contre la réputation du Suppliant; & ils ont été forcés de dire, sur les interpellations qui leur ont été faites, qu'ils n'avoient jamais cru ces discours, & qu'à leur égard, ils ont toûjours reconnu le Suppliant pour un Juge d'honneur & de probité; cette variation fait voir combien leurs premieres dépositions sont suspectes. La Cour est suppliée de donner son attention au récolement & à la confrontation de ces témoins. La Dame Anne-Loüise de Ferrette, elle rapporte des discours qu'elle dit avoir oüi dire au Suppliant contre Ferrier ; mais on voit qu'elle varie

varie trois fois, d'abord elle dit que c'eſt après l'acquiſition que Ferrier avoit fait de l'Office de Conſeiller, puis elle dit ne pas ſçavoir ſi c'eſt avant ou après l'Enquête du Sr. de Reinach, & enfin elle dit que c'eſt à ſon retour de ladite Enquête; lors de la confrontation, ſur l'interpellation qui luy a été faite de déterminer le tems, elle a déclaré ne pas le ſçavoir. Le Suppliant a auſſi reproché cette Dame, parce qu'elle a été en liaiſon avec Ferrier, même à Paris pendant que le Procés y étoit és années 1723. & 1727. que depuis la mort de Ferrier pere, elle a été pendant prés de 15. jours à Bavillier chés la Dame Ferrier; la Cour verra qu'elle n'en diſconvient pas, & qu'elle tâche ſeulement de s'excuſer.

Le Sr. Noblat Prevôt de Belfort, 12. témoin de la répétition par information, ſes variations ſont remarquables; il a dit en 1723. dans l'Enquête des faits juſtificatifs, *que le Suppliant étant logé chés le Dépoſant, lorſqu'il procedoit à l'Enquête du Comte de Reinach, ledit Comte vint chés le Dépoſant pour le voir, & ne voulant point entrer dans la chambre où étoit le Suppliant, crainte de ſuſpicion, le Dépoſant ayant reçu ſa viſite dans une chambre à part & ſeul avec luy, luy demanda comment alloient ſes affaires, à quoy le Sr. de Reinach répondit qu'elles n'alloient pas bien; qu'il avoit crû en venant en cette Ville trouver des témoins pour la preuve des faits dont étoit queſtion, & qu'il n'en trouvoit point; que le Suppliant en avoit déja entendu pluſieurs, & qu'ils ne diſoient rien, ce qi l'inquietoit, & qu'il n'auroit point entrepris de poſer les faits en queſtion contre les Sr. & Dame Ferrier, ſi le jour même de la plaidoirie ſur laquelle eſt intervenu l'Arrêt qui a interloqué les Parties, un Conſeiller du Conſeil, ſans le nommer, ne l'avoit preſſé de poſer leſdits faits, l'aſſurant qu'il luy fourniroit des témoins pour les prouver.*

Ce témoin continuë enſuite ſa dépoſition, qui eſt fort longue, ſur ce qu'entrant dans ſon jardin, le Suppliant doit avoir comme recité la preuve qui réſultoit des témoins, & finit par la conduite qu'il a donné au Suppliant après l'Enquête, juſqu'au Village de Roppe, où il dit que le Suppliant luy a lû la dépoſition d'un témoin.

Ferrier s'eſt toûjours fondé ſur la dépoſition de ce témoin, pour convaincre le Suppliant d'avoir excité le Sr. de Reinach de ſoûtenir le Procés, & qu'il luy avoit aſſûré qu'il luy fourniroit des témoins; c'eſt pourquoy il rapporte la premiere partie de la dépoſition de ce même témoin.

L'on voit donc d'abord qu'il ſuppoſe que Suppliant étoit logé chez luy lors de l'Enquête du Comte de Reinach du mois d'Octobré 1720,

Lorſque ce témoin a dépoſé en la répétition par information, où il eſt comme on l'a obſervé le douziéme, il a perſiſté dans ſa dépoſition de 1723. & il a fait deux ajoûtés.

Le premier, qu'il ne ſe ſouvenoit pas poſitivement, ſi lors de l'Enquête du mois d'Octobre 1720. le Suppliant ait logé chez luy, que même il ne le croit pas, étant logé à ce qu'il croit, pour lors chez Mr. le Prevôt du Chapitre; mais que le Suppliant étoit logé chez luy lors de l'Enquête du mois de Fevrier 1721.

Le ſecond adjoûté ſur les faits réſultans des piéces énoncées en l'Arrêt du 9 Juillet 1729. & ſur la plainte des faits, qu'il eſt dit luy avoir été expliqué; *qu'il n'en a aucune connoiſſance particuliere; mais qu'il a oüy de bien des perſonnes, même avant le procés mû entre le Sieur de Fouſſemagny & Ferrier, que le Suppliant étoit un homme dangereux dans les fonctions de ſa Charge, & plus à craindre qu'à être aimé.*

Par le premier de ces ajoûtés, l'on voit que ce témoin doute, & dit même qu'il ne croit pas que le Suppliant eut logé chez luy lors de l'Enquête du Comte de Reinach, le Suppliant n'y étoit en effet point logé, ce qu'il auroit facilement juſtifié ſi le témoin eut ſoûtenu ſa premiere dépoſition à cet égard.

Quant au diſcours & aux plaintes qu'il fait tenir au Comte de Reinach ſur ce que ſes preuves ne s'avançoient, & que ſur cela il doit avoir dit que ſans un Conſeiller de Colmar, qui luy avoit promis le jour même de la Plaidoirie de la Cauſe, il n'auroit pas poſé les faits contre les Sieur & Dame Ferrier.

Le témoin lors de la confrontation a déclaré que lorſque le Sieur de Reinach luy parla du Conſeiller, qui l'avoit preſſé de poſer leſdits faits en l'aſſurant qu'il luy four-

M

niroit des témoins pour les prouver ; le Sieur de Reinach autant qu'il pût le com-
prendre, n'entendoit pas parler du Suppliant ; mais qu'aprehendant que ce discours ne
concerna un de ses proches, Conseiller au Conseil de Colmar, il ne voulut pas l'enga-
ger à nommer la personne dont il entendoit parler.

Par l'explication de ce témoin, voilà donc toutes les suppositions de Ferrier, que c'étoit le Suppliant qui avoit excité le Comte de Reinach de soutenir le procès, avec promesse de le faire réussir dans la preuve, toutes évanouies ; le voilà convaincu d'imposture par le témoin même, sur la déposition duquel il se récrioit si fort contre le Suppliant.

Comme Ferrier pour soûtenir l'exposé artificiel de sa Requête remplie d'imposture, a encore supposé au Suppliant une corruption d'un nommé Pierre Donat dernier témoin en l'Enquête du Comte de Reinach, & voilà comme il a arrangé le fait.

„ Mr. Gomé a suborné un miserable nommé Jean-Pierre Donat, repris de Justice
„ pour vol, & alors Mendiant ; ce témoin n'osoit pas se presenter en l'Hôtel de
„ Ville de Belfort, Mr. Gomé le sçavoit, & dans cette certitude il chercha un pré-
„ texte pour entendre ce témoin dans un lieu où il pût être en sureté ; il se pro-
„ posa pour cela d'attendre jusqu'au neuf Octobre jour de Saint Denis, dont on fait
„ la Fête dans la Ville de Belfort ; & il transfera son Auditoire de l'Hôtel de Ville
„ dans un jardin prés de la Ville ; mais pour déguiser le veritable motif de ce trans-
„ port, on fit assigner trois autres témoins à comparoître dans le même jardin ; ce-
„ pendant les politesses dont on accabloit Mr. Gomé à Belfort le déconcerterent ; le
„ Sieur Noblat Proprietaire du jardin y avoit fait préparer une Fête à l'honneur de
„ Mr. Gomé, & il y avoit invité les Principaux de la Ville ; cela fut cause qu'on fit
„ dire à Jean-Pierre Donat de ne se trouver au jardin que le lendemain. „

Lors de la confrontation le Sieur Noblat a été interpellé de dire, si lors de la premiere Enquête (où ce Jean-Pierre Donat a été entendu) il a donné à manger au Suppliant dans son jardin.

Le Sieur Noblat a répondu qu'il ne se rappelloit point la memoire, mais qu'il ne croit pas luy avoir donné à manger.

Voilà donc Ferrier encore une fois convaincu d'imposture par son témoin favory, & il ne l'est pas moins sur les autres faits, comme on l'a observé.

Comme ce témoin a dit dans sa déposition qu'il avoit oüy plusieurs témoins des Enquêtes se plaindre même publiquement.

Il a été interpellé de nommer les témoins qu'il prétendoit s'être plaints à luy, de la conduite du Suppliant lors de la premiere Enquête.

Il a répondu qu'il croyoit que c'étoit la veuve Gobert, sans pouvoir dire si c'est un témoin de la premiere ou de la seconde Enquête.

Cette réponse n'est pas proportionnée à sa déposition, où il dit qu'il avoit entendu plusieurs témoins des deux Enquêtes qui s'étoient plaints ; cependant toutes les plaintes qu'il dit avoir entendu, se réduisent (encore n'est-ce que par crédulité) à la veuve Gobert, sans même pouvoir dire si c'est un témoin de la premiere ou seconde Enquête.

Enfin, sur le dernier ajoûté que ce témoin a fait dans sa déposition, où il dit avoir oüy de bien des personnes, même avant le procès mû entre le Sieur de Foussemagny & Ferrier, que le Suppliant étoit un homme dangereux dans les fonctions de sa Charge, & plus à craindre qu'à être aimé.

Mais loin par ce témoin de rendre raison sur ce point en nommant les témoins, & de déterminer le tems des discours désavantageux & deshonorans qu'il dit avoir oüy sur le compte du Suppliant, il déclare, *qu'il n'a jamais rien reconnu dans la conduite du Suppliant de contraire à l'integrité d'un Magistrat.*

La Cour voit par une pareille réponse le fond qu'on peut faire sur ce qu'il a déposé contre le Suppliant ; ce témoin qui est pourtant un Juge, le premier Magistrat de la Ville de Belfort, qui doit sçavoir la conséquence d'une déposition ; il charge cependant la sienne de plusieurs faits, dont il ne peut point rendre raison ; & tandis qu'il sçait par luy-même que le Suppliant est un Juge integre : si ce Juge, si ce témoin après la Dame Loüise de Ferrette, qui est le plus distingué & le plus éclairé de tous les émoins entendus dans la répetition par information, se trompe de cette sorte; que soit-on penser des autres qui sont tous gens rustiques & non lettrés, & dont la plûpart ont parens à Jean-Claude Cuenin & à Elizabeth Giboutet les auteurs de l'insulte que Ferrier a faite au Suppliant dans ses fonctions, & qui pour perdre le Commissaire, sont pas craint de se livrer aux faussetés les plus insignes, comme le Suppliant l'a démontré dans la discution qu'il a fait de leur déposition, & ont engagé leurs enfans, leur gendre, leurs neveux & parens à suivre leurs exemples.

En effet Joseph Bellot le jeune est fils de la Giboutet, & par conséquent beaufrere à Dubillot neveux de la Dame Ferrier : François Mangenot est gendre de la Giboutet; François Thomas & Jean-Pierre Courtot sont ses neveux; ils sont en même-tems proche parens au fameux Jean-Claude Cuenin; sa femme nommée Marie-Elizabeth Lefeure l'a déclarée dans la confrontation : Pierre Pougeol est gendre de Cuënin; le Suppliant les a reprochés & ces parentés ont été avoüés par les témoins : Joseph Cuënin fils est aussi parent à Jean-Claude Cuënin, ce qui fait voir le complot medité de tous ces témoins, c'est qu'ils sont exactes à rapporter les plaintes d'Elizabeth Giboutet, & c'est en quoy consiste leurs dépositions : Jean-François & Me. Jean-Pierre Chardoillet freres, sont parens au degré de l'Ordonnance aux enfans du premier lit de Ferrier pere, du côté de sa premiere femme qui se nommoit Villin : ces deux témoins ont fait semblant lors de la confrontation, comme s'ils ignoroient cette parenté; mais comme l'interpellation qui leur en fut fait étoit fondée sur la déclaration de leur Pere, ils ont dit qu'ils s'y rapportoient : or le Pere a précisément déclaré dans l'Enquête du mois de Fevrier 1721. où il est le treiziéme, qu'il étoit petit cousin aux enfans de la premiere femme de Ferrier pere; après cela, la déposition de ces deux témoins ne consiste qu'à rapporter des prétenduës plaintes de leurs Peres lors de l'Enquête de 1721. mais ce dire se détruit par les dépositions que le Pere a faite dans les deux Enquêtes de 1720. & 1721. qui sont relatives l'une à l'autre; & quand l'on fait attention au motif de plainte que l'un de ces deux témoins rapporte, l'on voit que ce n'est que par un motif d'interêt & de vanité, parce qu'on ne luy avoit taxé que vingt sols, au lieu qu'on avoit taxé un écu à un étranger, auquel il croyoit être d'une condition au-dessus.

Joseph Lemoine, Sergent, qui donnoit les assignations aux témoins lors de l'Enquête de 1721. a avoüé que la Femme de son Frere étoit Parente aux enfans du premier lit de Ferrier Pere. Après cela sa déposition ne consiste qu'à dire que quelques témoins se sont plaints lors de l'Enquête de 1721. & sur l'interpellation qui lu. a été faite lors de la confrontation de nommer ces témoins, *il a répondu qu'il ne pouvoit se rappeller précisément le nom desd. témoins, qu'il pouvoit y en avoir trois ou quatre, du nombre desquels sont Elizabeth Giboutet, & la Femme de Jean-Claude Cuënin.*

D'abord qu'il y a des plaintes, c'est toûjours Elizabeth Giboutet, & ce qui est de remarquable, ce n'est que lors de l'Enquête de 1721. lors de laquelle le Suppliant a été insulté; mais puisqu'on ne trouve pas qu'elle se soit plainte du Suppliant, lors de sa déposition de 1720. c'est une preuve qu'elle a été rédigée comme elle l'avoit souhaitté. A l'égard de la Femme de Jean-Claude Cuënin, on n'a pas encore appris par aucun témoin qu'elle se soit jamais plainte, elle ne le dit pas elle-même, loin-delà : car en finissant sa déposition qu'on a cy-devant rapporté, elle déclare à la fin, qu'elle ne s'est point apperçûe que le Suppliant ait voulu alterer sa déposition, ce qui prouve que le Sergent Lemoine est un témoin corrompu; & qu'il est entré dans le complot, de même que les témoins cy-devant nommés, par rapport à l'alliance que son Frere a contracté avec une Parente des Ferrier; enfin l'on voit, que de tous les témoins que l'on vient de rapporter succintement, il n'y en a que deux; sçavoir, le Sr. Noblat & la Dame Loüise de Ferrette, qui ne soient point Parens ou Alliés aux Ferrier, & c'est donc une seule & même Famille, qui a complotté avec Ferrier pour insulter le Suppliant dans ses Fonctions, & cela de dessein medité, dans la seule vûe de détourner les yeux du Public sur les faits ausquels le Comte de Reinach a été admis; mais à quoy aboutissent les dépofitions de ces perverfes témoins , à dire qu'Elizabeth Giboutet s'eft plainte , le Suppliant n'en eft jamais difconvenu ; il l'a expofé dans toutes les Requêtes & Memoires qu'il a donné dans le cours de ce procès; mais en même tems il a fait voir que c'étoit un effet de la feduction de ce témoin , elle eft fenfible , & on ne croit pas , après ce que l'on a obfervé fur ces dépofitions & confrontations , qu'il y ait plus lieu d'en douter ; toutes les dépofitions de ces témoins fes Parens , & ceux des Ferrier font donc inutiles , parce qu'elles ne prouvent aucun acte de fauffeté ny de prévarication , mais confiftent feulement , comme on a déja repeté fi fouvent , qu'à rapporter les plaintes d'une feule Femme.

Les autres témoins qui reftent de la repetition par information ; fçavoir Jean-Pierre Befançon , Adam de la Porte , Claudine Garoffe , Guillaume Dupart , Nicolas Pingenot , Anne-Françoife Carle , Jean-Claude Sarazin , & la Demoifelle Mariane Lefevre ne prouvent pas davantage ; quelques-uns rapportent quelques difcours que le Suppliant doit leur avoir tenu , même par maniere de converfation , foit à Belfort , foit ailleurs ; font-ce là des faits fur lefquels on puiffe exiger qu'un Magiftrat de Cour Supérieure foit tenu de rendre compte , comme fi c'étoient des crimes.

Quelques dévoüés qu'ayent été tous ces témoins pour Ferrier , le Supliant a cependant cet avantage qu'il n'y en a pas qui ayent rien pû dire contre fa probité , ils ont cependant marqué le défir qu'ils avoient de faire naître des foupçons défavantageux par des oüi-dire , & fur un bruit public dans la Ville de Belfort.

Mais le bruit public eft une voix vaine & contrefaite du Peuple , un témoin infidel & corrompu , un inftigateur vague & chancelant , un bruit qui s'échape & s'évanoüit avec l'air qui le forme.

En effet , lorfque ces témoins ont parû à la confrontation , & fur les interpellations de nommer les perfonnes dont ils avoient entendu mal parler du Supliant , il n'y en a pas un feul qui ait pû déterminer , ny le tems , ny nommer les perfonnes.

Interpellés enfuite s'ils fçavoient perfonnellement quelque chofe contre le Supliant , ont répondu que non ; ce n'eft donc pas Ferrier & fes Emiffaires qui font les Auteurs de ce bruit public , c'eft de quoy le Supliant fe plaint , & qu'il attend de la juftice de la Cour une réparation proportionnée.

Il refte au Supliant pour fon entiere juftification à faire la difcution des témoins oüis dans une nouvelle information qu'on a fait à Colmar le 6. Août 1729. & qui contient une recherche generale de toute fa vie ; il a déja difcuté toutes ces dépofitions dans un Memoire imprimé , qu'il a diftribué & fignifié à Ferrier , le Supliant s'y raporte , pour ne pas ufer de repetition , & il efpere avoir fuffifamment fait voir que quoique ces témoins ayent dépofé , qu'il n'en réfulte pas la moindre preuve contre fon honneur & fa probité.

Mais il y a plus , c'eft que de tous ces témoins , particulierement ceux qui étoient de Colmar , comme Greffier en Chef , Avocats , Magiftrats & autres , qui avoient par leur façon de dépofer auffi fur un bruit public , donné des foupçons contre la réputation du Supliant , il n'y en a pas un feul qui par leurs recolement , & lors de la confrontation , n'ayent déclaré qu'ils avoient toûjours connu le Supliant pour un Juge integre , & que ce qu'ils avoient dit dans leurs dépofitions n'étoit fondé que fur un bruit , auquel ils n'ont jamais ajoûté foy ; & enfin pas un n'a pû nommer , ny les perfonnes par qui ce bruit s'étoit répandu , ny déterminer le tems.

La façon qu'on a procedé à cette inquifition fait pourtant voir qu'on n'a pas cherché à ménager le Supliant , puifqu'on y a admis des perfonnes de tout état , on y a même reçû des témoins , qui ne pouvant donner atteinte à la probité du Supliant , luy ont dit des injures , & on les a reçû.

C'eft le nommé Jean-François Vernier 13. témoin de cette monftrueufe information , il eft Coufin germain de Mr. le Procureur General de Colmar , & Neveu de M. Holdt , l'un des deux Commiffaires , qui y a procedé.

Il dépofe , *qu'il a oüi dire à Paris par le Sieur Tenne , cy-devant Confeiller à Ypres , que le Suppliant étoit un fourbe , & que le Dépofant le croit tel , attendu que le Suppliant ayant promis de luy rendre fervice dans l'occafion , il a fait le contraire.*

A-t'on

A-t'on jamais vû une dépofition de cette nature? y a-t'il un Juge au monde qui pût jamais en recevoir une pareille? c'eft cependant fon Oncle qui l'a fait rédiger, c'eft fon Coufin germain qui l'a fait affigner pour maltraiter de parole le Supliant, fur ce qu'il doit avoir dit à ce témoin qu'il lui rendroit fervice dans l'occafion, & parce qu'il ne l'a pas fait il le traite de fourbe; quel raport cette injure a-t'elle aux faits que Ferrier fuppofoit au Supliant, il ne l'avoit pas traité de fourbe dans fes libelles; on en veut cependant qualifier le Supliant, & pour cela la Partie publique va foüiller dans fa famille même pour faire prononcer ce terme injurieux; on fent bien aprés cela quel peut être le motif de l'Arrêt du 9. Juillet 1729.

Il y a dans cette information quelques témoins qui parlent encore de quelques faits, de quelques plaintes de témoin, l'on a déja tant nommé Marie-Elizabeth Giboutec, que le Supliant craindroit d'abufer de l'honneur de l'attention de la Cour s'il le repetoit davantage. D'ailleurs le Supliant a déja dit qu'il fe raportoit à la difcution faite de tous cés témoins dans le Memoire, qu'il a diftribué & fignifié à Ferrier, & la Cour verra au furplus par le recolement & la confrontation qu'il n'y a pas un de ces témoins qui n'ait changé leurs dépofitions tout à l'avantage du Supliant.

Le Supliant fe reftraindra pour toutes difcutions à la dépofition du nommé la Buffiere, huitiéme témoin de cette information.

Il dépofe, ,, qu'il a eu en 1718. procés au Confeil contre la Communauté de Deney,
,, dont le Supliant étoit Rapporteur; qu'entrant un jour chés le Supliant, il donna
,, à fa Servante, nommée *Marie*, un Ecu de fix frans pour avoir l'accès libre, ce
,, qui a fi bien operé, que toutes les fois qu'il s'eft prefenté à fa porte, qui jufques-
,, là luy étoit la plûpart du tems refufée, s'eft toûjours trouvée ouverte pour luy;
,, que quelque tems aprés, fe trouvant à Colmar, il promit à ladite Servante deux
,, Loüis d'Or, fi elle pouvoit faire que fon procés fe terminât bientôt; que le len-
,, demain étant retourné chés le Supliant, il luy dit de vouloir bien l'avertir s'il
,, manquoit quelque chofe à fon procés, que pour fes peines il luy donneroit deux
,, Loüis d'Or; fur ce le Supliant luy remit un Eftat de ce qui manquoit à fon Procés,
,, avec défenfes de ne point dire qu'il tenoit ledit Memoire de luy, lequel il remit
,, à Simotel l'aîné, fon Procureur; que le procés étant jugé, il voulut effectuer fa
,, parole dans la Salle baffe du Palais; & en les luy prefentant il luy dit, qu'il n'avoit
,, qu'à les remettre à Marie fa Servante, ce qu'il fit nonobftant que fon Procureur
,, l'en ait diffuadé, mais qu'il l'a fait, parce que Priqueler fon Avocat luy a dit, que
,, quand on avoit donné fa parole, il falloit la garder; qu'un jour fe trouvant devant
,, chés le Supliant, où le nommé Marchand, qui avoit un procés au Confeil, duquel
,, le Supliant étoit Rapporteur, faifoit décharger une piece de vin de Bourgogne,
,, le Dépofant aida à la décharger; qu'en le déchargeant il dit au Marchand en Langue
,, du Pays *qu'apparemment il en faifoit prefent*; fur quoy il luy fut repliqué : *Que*
,, *t'embaraffe - tu, pourvû que je gagne mon Procés* ! & ce en prefence de la Servante
,, du Supliant, qu'eft tout ce qu'il a dit fçavoir.

Pour peu qu'on faffe attention au contenu de cette dépofition, on en connoît la fauffeté.

Il a promis deux Loüis d'or à la Servante, & deux au Supliant; cependant il ne dit pas qu'il en ait donné quatre; il dit feulement qu'aprés fon procés jugé il voulut effectuer fa promeffe dans la falle baffe du Palais, & qu'en les prefentant au Supliant, il luy dit de les remettre à fa Servante, ce qu'il fit.

Mais ce n'étoit point là exécuter l'offre qu'il avoit fait au Supliant; car felon Buffiere, il avoit offert deux Loüis au Supliant pour luy dire ce qui manquoit à fon procés, puifqu'il convient que le Supliant luy dit ce qu'il y manquoit; c'étoit là le tems de remplir fa promeffe, & il eft fenfible que fi le Supliant eût pû fouffrir de cette homme la propofition qu'il fupofe luy avoir faite; il eft hors de doute que le Supliant aprés avoir fatisfait à fa demande auroit exigé l'effet de la promeffe.

Cependant l'on voit fuivant le dire du témoin, que quoyque le Supliant eût fatisfait à ce qu'il fouhaitoit, cet homme ne fatisfait pas de fa part à l'offre qu'il avoit fait, & le Supliant ne luy demande rien.

Quand eft-ce que cet homme, & en quel lieu fe prefente-t'il pour offrir ces deux

N

Loüis d'or? c'eſt bien aprés ſon affaire jugée de ſon propre mouvement, & ſans que le Supliant luy en ait parlé ny fait demander, & où, dans la ſalle baſſe du Pa ais ; & ſur ce que le Supliant luy dit de les donner à ſa Servante, il va les luy porter, quoyque ſon Procureur l'en ait diſſuadé.

Il n'eſt pas poſſible qu'on réfléchiſſe à ces circonſtances, qu'on ne ſente que ce témoin eſt un témoin corrompu & livré à la ſubornation ; c'eſt un tireur de Mine de ſon métier ; le Supliant joindra un marché qu'il a fait le 27. Fevrier dernier à la Forge de Belfort ; croira-t'on aprés cela que cet homme ſoit en état de pouvoir donner ſi genereuſement, & de ſon propre mouvement deux Loüis d'or.

Si l'on fait attention à la dépoſition d'un nommé Chapuis, qui précede immédiate-ment dans cette information ce miſerable témoin, on verra que jamais il n'a rien pro-poſé ny preſenté au Supliant, & on verra même qu'il n'a rien donné à la Servante du Supliant ; la dépoſition de Chapuis merite d'autant plus d'attention, que ce Buſſiere eſt le ſeul & l'unique de quatre-vingt témoins qui ont été entendus contre le Sup-pliant, tant dans la répetition par information que dans la nouvelle information qui dé-poſe d'un fait de cette nature.

Ce Buſſiere a encore dépoſé ſur un autre fait, & l'on verra par la confrontation qu'il eſt convaincu de faux par luy-même.

Il dit qu'un jour ſe trouvant devant chez le Supliant, où le nommé Marchand, qui avoit un procés au Conſeil, duquel le Supliant étoit Rapporteur, faiſoit décharger une piece de vin de Bourgogne, le Dépoſant aida à la décharger, qu'en la déchargeant il dit audit Marchand en langue du pays, qu'aparemment il en faiſoit preſent, ſur quoy il luy fut répliqué, que t'embaraſſe-tu, pourvû que je gagne mon procés.

De la maniere que ce témoin parle, il paroît clairement, comme ſi Marchand avoit accompagné la feüillette de vin, & ce témoin tient un diſcours avec Marchand, & fait répondre Marchand, comme ſi ſon procés n'étoit point jugé ; cependant à cet égard il eſt juſtifié par la dépoſition de Marchand même, qu'il n'a envoyé cette feüillette de vin que bien du tems aprés que ſon affaire a été jugée, & cela de ſon propre mou-vement.

Quant à ce que ce témoin ſuppoſe Marchand preſent, lorſqu'il envoya cette feüillette de vin, il eſt convaincu de faux par la réponſe qu'il a fait lors de la confrontation.

Ce témoin interpellé de déclarer ſi Marchand étoit preſent lorſqu'il livra cette feüil-lette de vin.

Il a répondu affirmativement que non ; mais qu'il avoit rencontré Marchand dans la Ville.

Cette réponſe eſt cependant bien differente de ce qu'il a dit dans ſa dépoſition ; & ſi lors de la confrontation de Marchand, la mémoire n'eût pas manqué au Sup-pliant, on verroit qu'il n'a pas ſuivi ſa feüillette de vin qu'il envoya par un Voi-turier de Belfort, & qu'il ne fut pas ce jour-là à Colmar ; c'eſt ce que Marchand a déclaré en preſence de pluſieurs perſonnes au ſortir de la confrontation : la preuve en eſt facile.

Ainſi le Supliant eſpere que ce Buſſiere témoin unique, ne fera aucune impreſ-ſion ſur l'eſprit de ſes Juges, qui ſçavent que ſuivant la Loy *Juriſjurandi*, au Code de *Teſtibus* ; le témoignage d'un ſeul ne fait aucune preuve, & on peut d'autant moins ajoûter foy à celle de ce Buſſiere, qu'on voit qu'il s'eſt produit luy-même, & qu'il eſt hors d'état par ſes facultés de faire aucune ſemblable liberalité. Que le fait qu'il ſuppoſe eſt faux, ſoit par la façon dont il le rapporte, ſoit parce qu'il eſt détruit par la dépoſition de Chapuis, qui le precede dans la même information ; que Buſ-ſiere eſt encore convaincu de faux par luy-même, c'eſt-à-dire par la réponſe qu'il a fait à la confrontation ſur le fait de Marchand.

Quelle foy peut-on donc donner à un pareil témoin, pour convaincre un Juge de Cour Souveraine de concuſſion ; un Juge contre lequel on a entendu 80. témoin pour faire la recherche de toute ſa vie ; cependant à la réſerve de Buſſiere, il n'y en a pas un qui ait pû luy rien imputer.

L'on voit même que tous ceux qui s'étoient livrés à inſinuer par leurs dépoſitions quelques ſoupçons contre la réputation du Supliant ſe ſont rétractés, & au récolement, & lors de la confrontation, & qu'ils ont expreſſément déclaré n'avoir jamais connu en luy qu'une conduite de Juge integre & ſans reproche.

Des témoignages ſemblables méritent une attention infinie, par rapport à la vehemence avec laquelle on a procédé contre luy à Colmar, & cette juſtification donne lieu au Suppliant d'attendre avec confiance de la Juſtice de la Cour, une réparation proportionnée à l'injure qui luy a été faite par Ferrier, & qu'elle vengera l'offenſe faite à toute la Magiſtrature en ſa perſonne.

La gravité de l'offenſe ſe juge par les qualités de l'Offenſé & de l'Offenſant, & encore par les circonſtances dans leſquelles elle a été proférée & ſoûtenüe.

Celle dont le Suppliant ſe plaint eſt extrême par toutes les conſiderations; c'eſt un Magiſtrat qui exerce depuis longtems l'Office de Conſeiller dans une Compagnie Souveraine, qui en a remply dignement toutes les fonctions, & qui par ſon ancienneté a ſouvent eu l'honneur de préſider dans ſa Colonne.

Ferrier eſt un homme d'une extraction équivoque, qui a voulu en impoſer à cet égard, puiſqu'il ne s'eſt porté aux excés dont le Suppliant ſe plaint, que dans la vûë d'étouffer par là la recherche de la verité, dont il étoit queſtion entre ſon pere & le Comte de Reinach.

Les circonſtances ne ſont pas moins ſenſibles; c'eſt dans les fonctions de ſon Office qu'il a été injurié; c'eſt à l'occaſion de ces mêmes fonctions que Ferrier l'a dépeint comme un fauſſaire, un prévaricateur & concuſſionnaire, dans des libelles diffamatoires qu'il a répandu par tout, au Conſeil d'Etat, en Alſace, à Metz & preſentement dans cette Province. Puiſque la calomnie eſt conſtante, la punition n'en peut auſſi être trop ſevere; & plus encore par rapport à la cruelle ſituation où toutes ces diffamations ont réduit le Suppliant.

Ce conſideré, NOSSEIGNEURS, le Suppliant demande acte du contenu en la preſente, & de ce qu'il conclut, à ce que l'accuſation déférée contre luy par Ferrier, ſoit déclarée temeraire & calomnieuſe l'en renvoyer quitte & abſous; en conſequence, débouter Ferrier de toutes les fins & concluſions choiſies de ſa part au Procés; le condamner de ſe repreſenter à telle Audience de la Cour & du Conſeil de Colmar qui luy ſeront déſignées, pour y déclarer, les Chambres aſſemblées, tête nuë & à genoux, que méchamment, calomnieuſement & à tort, il a imputé au Suppliant des prévarications, fauſſetés & concuſſions, & diſtribué des libelles, écrits & Mémoires injurieux & offenſans contre ſon honneur, ſa probité & ſa réputation; qu'il s'en repent & en demande pardon au Suppliant; rétracte les fauſſetés, impoſtures & calomnies y énoncées; de tout quoy il ſera ſéverement repris & blâmé; ordonner que le tout ſera ſupprimé & lacéré en ſa preſence par l'Huiſſier de ſervice de la Cour; le condamner de déclarer dans les mêmes Audiences, qu'il tient le Suppliant pour Juge integre & incorruptible, digne de ſon Employ, & incapable des faits dont il l'a temerairement accuſé; ce fait, être conduit dans les Conciergeries du Palais, pour y reſter & y ſubir les peines auſquelles il plaira à la Cour de le condamner, pour ſes calomnieuſes & temeraires accuſations; le condamner par corps en cent mille livres de réparations civiles pour les dépens, frais, dommages & interêts auſquels il a donné lieu; permettre au Suppliant de faire imprimer & afficher l'Arrêt qui interviendra par tout où il trouvera bon; condamner Ferrier par corps aux dépens du Procés; déclarer que le Suppliant ſera élargy des Conciergeries du Palais, où il s'eſt volontairement conſtitué, ſon Ecroüe rayé & biffé, le Geolier à ce contraint, ce faiſant déchargé; réſerver au Suppliant ſes actions & dommages & interêts contre tous ceux qu'il appartiendra; ſauf à Mr. le Procureur General de requerir ce qu'il trouvera à propos pour la vengeance publique; ordonner que la preſente ſera ſignifiée & jointe, & Vous ferés bien.

GOME'.

Les Souſſignés, qui ont vû cette Requête & les pieces y énoncées, eſtiment Mr Gomé bien fondé dans ſes concluſions.

PETITCUENOT B. I. ARNOULX.

Meſſieurs de GOURBOUZON & de GAMUS Commiſſaires.

PAVOY Procureur.

www.ingramcontent.com/pod-product-compliance
Lightning Source LLC
LaVergne TN
LVHW022037080426
835513LV00009B/1091